U0550142

AQUARIUS

AQUARIUS

AQUARIUS

AQUARIUS

Vision

一些人物，
一些視野，
一些觀點，
與一個全新的遠景！

慶祝我們的失敗

Les vertus de l'échec

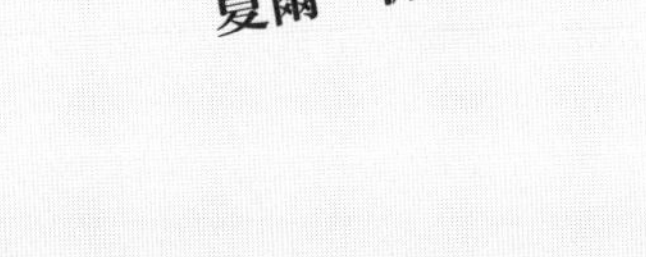

夏爾・佩潘（Charles Pépin）◎著　楊恩毅◎譯

國際好評

「這是本好書，探討了智慧、勇氣和快樂！」——**法國前總理亞蘭・居貝**（Alain Juppé，當時他剛參選失利）

「本書關於『失敗有益』的論述清晰，如同做自己的指南，教我們接納自己、為自己而活。在這個不惜代價競逐成功的社會，這本作品教我們重新掌握自己人生的主導權。」

——***Libération***（《解放報》）

「在《慶祝我們的失敗》一書中，哲學家夏爾・佩潘指出三點：只要我們不否認失敗，分清楚

事情的失敗並非個人的失敗，以及用心地自我反思——失敗就能帶來幫助。」——***L'Echo***（《回聲報》）

「失敗也能有正面意義嗎？狠狠摔個一次，對人生是否有好處？生活或工作中的挫敗能否帶來助益？失敗了，我們還有理由覺得開心，甚至帶著笑？哲學家夏爾．佩潘給出了始終如一的肯定答案。」——***Le Figaro***（《費加洛報》）

「每個人都渴望成功，並為此逃離失敗——然而失敗能使我們反思自身，發現人生的方向。哲學家夏爾．佩潘在這本暢銷書中正說明了這點。」——***Elle***（雜誌）

「一本熱情洋溢的書！失敗將帶我們迎向成功。」——**Europe 1**（廣播電台）

「夏爾．佩潘邀讀者靜心檢視人生中的曲折與岔路。他並闡明：失敗使我們發現自我能力的極限，進而成為完整的人。」——***Philosophie Magazine***（《哲學雜誌》）

「這本書改變了我們對於失敗的看法。」——**Psychologies**（文化媒體）

「本書宛如強心劑，能讓每個人重拾樂觀。」——**Laurent Ruquier**（法國知名電視及廣播節目主持人）

「夏爾·佩潘強力捍衛我們犯錯的權利——犯錯甚至是必須的。他並闡明失敗如何為未來的成功奠立基礎。」——***Le Pèlerin***（雜誌）

「重新詮釋失敗，發展勇於嘗試的文化——這麼做很大膽，卻再合理不過！」——***CFDT Magazine***（法國工人民主聯盟《CFDT》雜誌）

「睿智的論述，引領我們邁向真實的成功。」——**Les Nouvelles Calédoniennes**（線上新聞媒體）

「一本鼓舞人心的作品。」——***Le Point***（《觀點》雜誌）

「這本書讓人精神為之一振！」——**Les Inrockuptibles**（文化媒體）

「夏爾·佩潘激發我們勇於嘗試、勇於轉變及改革我們的文化！」——**France 2**（法國公共電視台）

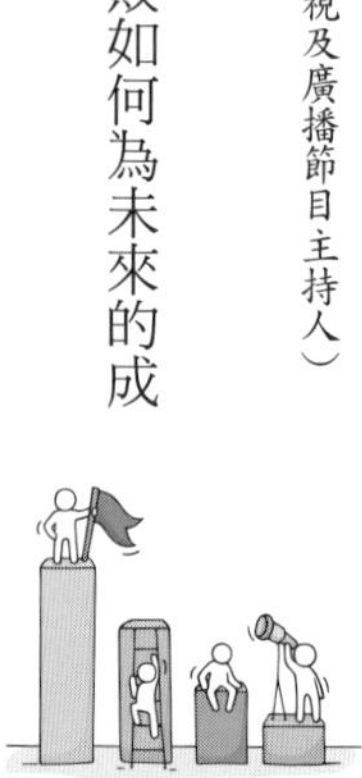

聯合推薦

「失敗的恐懼常讓我們駐足不前，然而最恐怖的不在於摔落的當下，真正可怕的是就此失去了信心與再次挑戰的勇氣。我們都沒失敗，只是還走在通往成功的路上，一起勇敢重啟自己的人生吧！」

——Vito大叔（熱情人生學院執行長．人氣播客．圖文作家）

「我們與成功的距離，只差一步『成功的失敗』。矽谷讚揚快速失敗？柔道的第一課卻是學摔倒？所謂失敗，或許只是還沒成功。這不只是一本關於挫折的書，更是一場慶祝生命轉化的智慧之旅，讓你學會從每一次的『不完美』中，反彈得更高。」

——姜泰宇（作家）

「人生不如意十之八九，既然有這麼多不如意時間，何不好好翻轉觀點用來慶祝。慶祝自己成功找到一條不可行的做法，慶祝自己嘗試了一次新的冒險，慶祝自己找到一條死胡同。這麼一來，慶祝自己失敗就是一件好事了！」

——**鄭俊德**（閱讀人社群主編）

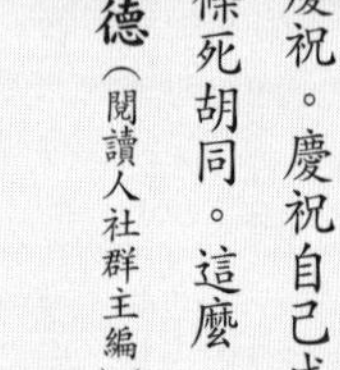

【推薦序】

為我們「成功的失敗」先乾一杯！

文◎楊斯棓醫師（《人生路引》作者）

在一個歌頌勝利、追逐完美的時代，許多人對落入「失敗」避之唯恐不及。我們期待履歷上有一份無瑕的紀錄，甚至為此沾沾自喜；而有些人，更會把每一次的挫敗都視為對自我價值的否定，於是乎，很可能不自覺吹噓得到一個根本沒有獲得過的獎項（如「最佳辯士」或是「杜聰明獎學金」），讓自己獲得更多機會或注目，一直吹脹自己，終有一天，會扛不住那顆膨風氣球的壓力。

我們是否曾靜心思考：倘若通往最終成功的唯一路徑，恰恰是由那些我們極力避免的失敗所鋪成的呢？

我有兩部作品：《人生路引》以及《要有一個人》，這兩本書的紙本銷量超過四十三刷，而且所有版稅全捐出。世人若視之「成功」，我則會解釋這是**無數次「投稿失敗」，但正確看待失敗，從中獲得滋養**後的結果。

法國當代最受歡迎的哲學家之一夏爾．佩潘（Charles Pépin），在他的新作《慶祝我們的失敗》中，便以一場橫跨哲學、運動、商業與藝術的思辨之旅，為我們拋出了這個顛覆性的大哉問。這本書蘊含一次又一次的智慧探險，讓熱愛思考的讀者，得以自我叩問、自我澆灌。套一句知名企業教練楊田林老師所說：「當自己的自耕農。」

佩潘的核心論點既簡單又深刻：我們與成功的距離，往往只差一步「成功的失敗」。他犀利地指出，我們最大的迷思，在於將「事情的失敗」與「自己的失敗」混為一談。若將「失敗」視為被一箭穿心，將為「失敗」所嚴重傷害；若將「失敗」視為當頭棒喝，將因

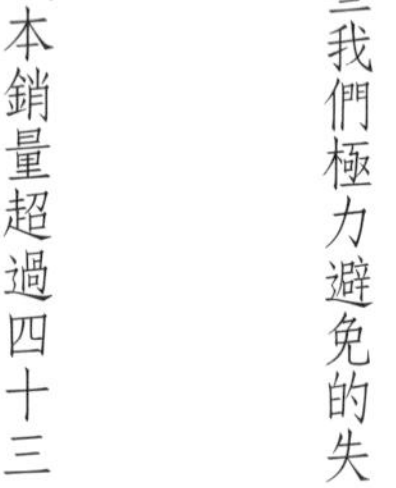

「失敗」而領略頓悟，甚至被「失敗」滋養而成長。同樣地，若將「成功」視為可以驕人的勳章，將為「成功」所害，自陷泥沼；若將「成功」視為一陣涼風，一時颯爽，但一陣飄過，繼續前行，如此心態才能更接近廣義的恆久成功。

佩潘的論述並非空泛的勵志口號，他信手拈來，用一個個跨界實例為我們印證。他帶我們看到網球天王納達爾，正是因為青少年時期輸給了當時被譽為「小莫札特」的加斯奎特，才得以淬鍊出日後稱霸紅土的絕技。他讓我們重新審視賈伯斯被自己創立的蘋果公司解雇的經歷，那次的奇恥大辱，反而將他從成功的傲慢中解放，開啟了人生中最富創造力的時期。我們也跟著J．K．羅琳，在離婚、失業、窮困潦倒的生命谷底，看她如何將失敗的體悟轉化為創作的能量，最終誕生了風靡全球的《哈利波特》。

從矽谷推崇的「快速失敗，快速學習」文化，到芬蘭引以為傲的「國際失敗日」；從愛迪生「發現一萬種不可行的方式」的科學精神，到爵士樂大師邁爾士·戴維斯那句「只有下一個音才能告訴你這個音準不準」的存在主義智慧——**佩潘引領我們看見，失敗從不是終點。它是一次提問，問我們「能成為什麼樣的人」；它更是一扇窗，讓我們窺見自己的軟肋。**

在當前這個追求一步到位的社會，這本書的出現讓我們知道正確看待失敗，失敗可以是成功的踏腳石。**我們或許想像最好有一條零風險、無失敗的舒服人生路，若真有這條路，也可能剝奪一個人發展韌性的機會。**

有些政治人物標榜自己一生選舉從未失敗，走下政治舞台後，卻總是愈走愈歪，彷彿再也找不到適合自己的舞台，望不見鎂光燈而心慌，聽不到掌聲而沮喪，這跟該人過去沒有從選戰失敗中學習，可能有相當大的關係。若遭逢敗選，而願意痛定思痛，說不定會從待人接物、閱讀習慣、問政風格逐一檢討，因而練就更強的問政實力，具備更受人歡迎的人格特質。若一直勝選，說不定以為自己天縱英明，無可檢討，殊不知，這樣剛好走上一條愈來愈容易失敗的道路。

佩潘提醒我們，人生最大的風險，或許是「從不嘗試」；而最大的悲劇，是錯解成功、錯解失敗！

多年前我在某場台語演講曾這麼收尾：「一時的成功，當作一陣風；一時的失敗，笑笑

當作詼諧。」

詼諧正是代表一種豁達的態度，不害怕失敗、正確看待失敗、從失敗中汲取養分，打造韌性。

【推薦序】

創新是從勇敢犯錯開始

文◎陳昱築（Impact Hub Taipei 共同創辦人暨執行長）

在Impact Hub Taipei，我們始終相信，創新不是從完美開始，而是從勇敢犯錯開始。

二〇一六年，我們首次舉辦「台北搞砸之夜」（Fuckup Nights Taipei）活動時，場面熱絡，卻也帶著一絲不安——畢竟，在東亞文化中，失敗往往被視為不可提及的禁忌。我們邀請創業家、非營利組織管理者、企業領導人、作家、企業二代等，站上台講述那些「不能寫進履歷」的故事：合夥人間的決裂、產品不被市場接受、募資失敗、錯過最佳的進場時機等，一個又一個令人心碎、卻也真實動人的故事，在台下引起了不曾預料的共鳴。

正是在這樣的經驗中，我深深體會到：失敗若能被誠實分享，它就會轉化成一種力量，一種讓人更理解自己、更堅定理想的力量。

當我讀到《慶祝我們的失敗》這本書時，那些我們在搞砸之夜聽過無數次的「不完美」，彷彿在文字中找到了哲學的解釋與精神的回響。作者夏爾．佩潘以法國哲學家的敏銳觀察與人文深度，寫下了一本打破成功迷思的生命指南。他提醒我們：「失敗是我的，卻不是自我的失敗。」這句話點醒了我，也點亮了許多創業者的心──**我們不是因為跌倒而失敗，而是因為不願從失敗中學習，才會真正錯過成長。**

佩潘強調：「快速失敗，快速學習。」這與矽谷「Fail fast, learn faster」的精神不謀而合。但書中最令我動容的，仍是他從納達爾、達爾文、戴高樂、賈伯斯這些人身上所看到的「挫折之光」。他們並非因為一帆風順而成功，而是一次又一次從錯誤中淬鍊意志、重塑自我、走向卓越。

而這樣的洞察，也正是我們在Impact Hub Taipei實踐的文化。我們致力於創造一個心理安全的空間（活動現場是禁止拍照、錄音以及錄影的），讓創業者能放心說出「搞砸時刻」，也能在跌倒後被理解、被支持、被重新啟動。我們看到的是，真正有力量的創業者，並不是從未犯錯，而是願意面對錯誤、擁抱真實、轉化脆弱為韌性的人。

我特別想引用前數位發展部部長唐鳳，也是中華民國無任所大使時期經常提及的一句話——來自加拿大詩人李歐納．柯恩的詩句：「There is a crack in everything, that's how the light gets in.」（萬物皆有裂縫，那是光進來的地方。）

這句話不僅揭示了人生的真相，也呼應了這本書的核心：我們每個人的生命都不可能無懈可擊，但正是那些裂縫，讓我們更謙卑、更有深度，也讓我們的光能被看見。唐鳳部長在許多演講中，常以此句提醒我們：「數位不是替代人性，而是照見人性。」——而我想說，失敗也一樣，不是終結人性，而是照見它最真實的模樣。

搞砸之夜的講者們，每一位都像是那個勇敢面對裂縫的人。他們站上台說出自己的失敗時，常常哽咽，但他們的故事卻點亮了台下無數人的眼神。那是一種共鳴，也是一種重生。觀眾離開時，我們聽到最多的一句話是：「**我以為我很糟，但原來我們都一樣。**」

這，正是我推薦《慶祝我們的失敗》的原因。

我相信這本書不只屬於創業者，更屬於每一位在人生中曾跌倒、曾懷疑自己，但仍願意

再起身、繼續走的人。**在這個快速追求成功的時代，我們更需要這樣一本書，帶我們慢下來，與自己的錯誤和解，與別人的脆弱連結，並重新定義何謂「有意義的成功」**。

因為真正的成功，不只是抵達了終點，而是在歷經跌倒、修復與反思之後，依然選擇前行的那一刻。

【前言】

慶祝我們的失敗

轉念一想：所謂失敗，只是還沒成功

法國前總統戴高樂、蘋果公司創辦人賈伯斯和法國的傳奇歌神甘斯柏之間，有什麼共同點？作家J．K．羅琳、博物學家達爾文、網球之神費德勒，與前英國首相邱吉爾、發明家愛迪生和法國的香頌天后芭芭拉之間，又有什麼地方相似？

是他們都獲得了耀眼的成功嗎？沒錯。但除此之外，他們同樣都在成功前，經歷了挫敗。

更進一步說，正因為失敗，他們才成功。若沒有現實的阻力、挫折或失敗帶來的反思和振作的機會，他們可能無法有一番成就。

・從第一次世界大戰爆發到二次大戰中期，戴高樂沉寂了近三十年，但正是這些挫折造就並激發他的使命感，他要發揚內心的那份信念。當時代的浪潮襲來，他已做好打算，失敗使他堅強，做好對抗的準備。

・愛迪生在發明電燈泡前，經歷了無數次不成功。助手忍不住問他如何能忍受「上萬次的失敗」，愛迪生回答：「**我沒有失敗，只不過是發現了一萬種不可行的方式。**」他知道科學家是從犯錯中學習，每改正一個錯誤，就是向真理邁進一步。

・有「傳奇歌神」之稱的法國歌手甘斯柏放棄了一心追求的畫家事業，認為那就是場悲劇。他帶著失意的痛苦轉向歌唱，在他眼裡，這是門二流藝術，但也因此讓他從作畫的壓力中解放。他的作曲和演奏才華、獨特的個人風格，與這種放鬆的心態密不可分，而這正是拜失敗之賜。

・看「網球之神」費德勒打球時，很難想像他在青少年時遇過怎樣的失敗，體會過怎樣的憤怒。那時他常常氣得摔球拍，但也正是那段時期成就了這位史上最優秀的網球員。沒有那麼多場輸掉的對決與筋疲力竭，費德勒後來不會穩坐世界第一那麼久。他公平競賽的表現、毫不費力的優雅並非與生俱來，而是後天獲得的，正因如此，這些特質比天生的能力更美好。

- 達爾文先後放棄了學習醫學和神學，登上「小獵犬號」（HMS Beagle）環球航行，由此決定了他成為一名「發現者」的命運。如果沒有在學業上受挫，他可能就沒時間踏上這場改變命運的旅行，也就不會提出革命性的觀點。直到今日，我們仍透過他的理論來看待人類自身。
- 一開始，夜總會並不歡迎芭芭拉演出，當她好不容易站上舞台演唱，卻常常被喝倒采。聆聽這位法國香頌天后演唱她創作的美妙歌曲，讓人感受到一種旺盛的生命力和強烈的同理心，有很大一部分要歸功於這些「屈辱」。若無視芭芭拉表演生涯中的那些失敗，就是抹煞在她演出曲目中最動聽的歌曲。

這些例子說明失敗的助益有許多面向，不只一種。

有的磨練反抗的意志，或是讓人放鬆，也能給人堅持下去的力量，促使一個人改變。有時失敗會激起鬥志、提升才智，也給了我們時間去從事其他事情。

我們是自由的

生活、煩惱或成功之中充滿了失敗的經驗，奇怪的是，鮮少有哲學家論述這個主題。我著手研究這個問題時，就在尋找古代令人景仰的哲人都說過什麼，但驚訝地發現他們對此興趣缺缺。既然他們思考了這麼多精神面與現實面、美好人生與對恐懼的抗爭、「我們想」和「我們能」之間的區別，應該也會留下大量關於失敗的著作，記錄下失敗感所激發的思考吧。但是並沒有，關於這個概念，連一部重要的哲學作品也沒有。柏拉圖未留下關於失敗智慧的對話，笛卡兒未談過失敗之美，黑格爾也沒有論證過失敗的辯證法。

令人困惑的是，失敗似乎與我們的命運有著特殊關係。

至各地進行講座時，我遇過許多企業家和上班族，他們因破產、被解雇、喪失機會等等而深感受傷。有的人從童年、青少年的學生時代，甚至開始工作後，都**不瞭解什麼叫做「失敗感」**，我發現這群人是**最難從失敗中重新振作**的人。

我在高中教哲學，經常看到有學生因成績不好而自責。顯然從來沒有人跟他們說過，一個人是會失敗的。

「一個人是會失敗的」，話雖簡單，但我認為其中蘊含了某種真理。

動物不會失敗，因為牠們所做的一切皆出於本能，只會隨性而動，因此不會做錯。鳥兒每次搭窩都會做到極致，牠們本能地知道要做什麼，也沒有要從失敗中學到什麼。而我們犯錯和失敗卻顯示了身為人的真相：我們既非完全受制於本能的動物，也不是完美設定的機器，更非上帝。

我們會失敗，因為我們是人，因為我們是自由的，自由地犯錯、自由地改正、自由地進步。

動身尋找失敗的智慧

有時候，哲學家還是會談到失敗。

斯多噶學派離這個主題很接近，教我們接納的智慧，別在痛苦上添新愁。

尼采應該也提到了這個問題，比如他說：「好些人不能掙脫自己的枷鎖，卻能做他的朋友的解放者。」*

沙特的存在主義中，關於失敗的觀點很明確。如沙特所寫的，若我們一生都能成為「自己」，不受限於某種本質，是因為失敗能將我們帶向未來，幫助我們重塑自我，這就是失敗的美好。

在巴舍拉（Gaston Bachelard）的論述中，失敗的主題更明確，他把天才定義為勇於對原初錯誤進行自我分析的人。

因此，這些哲學家將是我們的出發點，但這並不夠，他們只是勾勒了一個大概。我們還需要從其他領域尋找失敗的智慧：透過藝術家的作品或精神分析家的經驗、宗教作品或傑出人物的回憶錄、爵士樂大師邁爾士·戴維斯啟發人心的思考，也從網球球王阿格西的人生經驗，和諾貝爾文學獎得主吉卜林（Rudyard Kipling）美妙的詩作中去發現。

（本書中未特別說明者皆為譯者註。）

＊出自《查拉圖斯特拉如是說》第一部：〈朋友〉篇，錢春琦譯（上海文化出版社，二〇二〇年；繁體中文版為大家出版，二〇一四年。以下引用皆同）。

目錄

目錄

失敗是為了學得更快（從法國談起）

——有時只有輸了才能贏

「紅土之王」納達爾的失敗

法國塔布市，一九九九年隆冬，年輕的西班牙人才十三歲，他剛在「Les Petits As」少年網球賽的半決賽中失利。這場球賽是十二至十四歲青少年選手的非正式世界錦標賽。

擊敗他並最終奪冠的是一名法國選手，與他同年、同樣身高，卻輕輕鬆鬆打敗了他。這個小天才正是被稱為「法國網球界小莫札特」的加斯奎特，有專家斷言，沒人在這個年紀對網球的掌握能及他的程度。加斯奎特九歲時便登上《網球雜誌》封面，標題是「法國夢寐以求的冠軍」。他完美的姿勢、單手反手擊球的美感、比賽時的攻擊性，無不打擊著對手的自信。

來自西班牙的少年與加斯奎特賽後握過手之後，一下子沮喪地癱坐在椅子上，他的名字叫拉斐爾．納達爾。後來他被稱為「紅土之王」。

那天，納達爾沒能贏得世界冠軍。

無論是誰再看那場比賽（YouTube上可以觀看），都會被加斯奎特的進攻所震撼：他回球很早，打得對方措手不及。奇怪的是，這種凶猛的擊球方式卻讓人聯想起納達爾的成功祕訣——後來他保持了多年的世界第一，贏得數十場比賽，其中包括二十二次大滿貫冠軍。

加斯奎特成了偉大的球員，得過世界第七，但他從未贏得大滿貫，並且總共只拿過十幾個冠軍，職業生涯無法與納達爾相提並論。

於是，問題出現了：兩人的差別到底在哪裡？

回顧納達爾的生命經驗，我們或許能得到答案。

他年輕時就經歷了多次失敗。他常常輸掉比賽，掌握不了經典的正手拍技術，這迫使他發展出與眾不同的打法，在擊球後，將球拍像套馬索般高高揚起，這種不可思議的姿勢成了他的招牌動作。

那次被加斯奎特擊敗後，兩人又在賽場上重逢十幾次。毫無疑問，那場比賽之後，納達爾更加投入，與叔叔兼教練托尼進行了深入分析。顯然那天塔布市的失利教會他的事情，比贏了比賽學到的更多。

他在一次輸掉中學會的，可能十場勝利都無法教會他。

輸給加斯奎特時，他不可能已經掌握了擅長的進攻手法。我相信，納達爾需要那次失敗才能更快找到自己的天賦。

隔年，納達爾就在同一項比賽中奪冠。

加斯奎特的問題也許正因他從踏上網球場的第一天直到十六歲，都輕鬆地獲得一連串成功。

在珍貴的成長歲月裡，他是否失敗得不夠多？當他開始失敗時，是否已太遲？他是否因為幾乎沒輸過，缺乏對挫折的體驗？然而，正是挫折能讓我們對狀況產生質疑、加以分析，有所警覺。

成功使人舒適，卻不像失敗能給人成長的智慧。

快速失敗，快速學習

「有時只有輸了才能贏」，這句話有點矛盾，但蘊含了人類生存的祕密。所以，讓我們盡快失敗吧！因為這樣經歷的「真實」會比成功更多。

失敗的牽制，使我們產生質疑，進而從各個角度去檢視，也才因此找到支點，作為起飛的動力。

美國矽谷的研究者在探討創業者是如何重新崛起時，讚揚「快速失敗」及「快速失敗，快速學習」的好處，強調**早期的失敗有許多助益。在一件事情的成形期，大腦渴望學習，能夠立即從與其相悖的事物中有所獲得**。

專家們聲稱，經歷早期失敗，並知道如何快速從中吸取教訓的企業家，比事業順風順水的企業家成功得更快，並且更有成就。他們堅信即使失敗了，這些經歷帶來的力量也比仰賴最好的發展理論更有幫助，進步得更快。

如果研究者的看法沒錯，我們就能明白優秀的學生正缺少了這些經歷，他們一絲不苟、循規蹈矩，進入職場前從未犯過錯。

但身為「好學生」，他們從簡單的遵循常規、言聽計從中學到了什麼？他們會不會想要體驗這種「觸底反彈」的感覺？在不斷變化的世界中，**「觸底反彈」**其實具有極重要的意義。

問自己「真正的」問題

身為哲學老師，我經常研究「早年失敗」有什麼益處，又是如何讓人更快成功。

哲學是高三才有的科目，學生需要運用以往從未接觸過的方式，自己進行思考。他們對所學的知識擁有前所未見的自由度，必須敢在最廣泛的範圍內，自己對問題提出質疑。

我以從事哲學教學二十年的後見之明確定，在第一次的作業中漂亮地「搞砸」，往往比不經思考地拿到一個平均分要好。第一次很低的分數，能讓學生的思維產生學習哲學所需要的根本性轉變。

與其莫名其妙地成功，快速失敗、對自己提出真正的問題，接下來會進步得更快。在哲學之路上，接納失敗並進行反思，比只有成功走得更順遂。

我長期在巴黎高等政治學院的暑期甄選班教哲學，這是門通識，課程節奏十分密集，上課地點在一所高中的大花園裡，學生都是剛畢業的高中生。暑期班從七月中開始，一共五週，入學考試在八月底至九月初舉行。我在課堂上也觀察到相同現象，甚至整個過程更快速。

剛開課時，成績能上巴黎高等政治學院的學生，在暑期班結束時，卻往往沒考好；相反地，起初成績很糟糕的學生中，不少人卻在五週後表現優異，最終考上了。一開始失敗、面臨危機的學生，能直面全新的現實狀況，進而覺醒。而上課初期便有好成績的學生什麼都沒有意識到，還在因自己的小成就而得意。

五週的時間不長，卻足以顯示接受失敗的助益。

有毒的「快車道」觀念

「**一次快速失敗，接著迅速修正，比從未失敗過更好**」，這個看似理所當然的概念，在法國卻十分少見。

美國的研究者提出「快速失敗」的思考及優點，將相反的概念稱為「快車道」，這種「快車道」觀念認為一個人必須迅速成功，盡快走上成功的軌道。本書正是針對這點而寫。

我們似乎中了「快車道」觀念的毒。

在美國、英國、芬蘭及挪威，企業家、政治家和運動員喜歡突出自己在職業生涯初期的失意，自豪地展現，就像戰士展示傷疤。相反地，在法國這個古老的國度，我們卻以仍與父母同住時獲得的文憑來定義一生。

在企業進行講座時，經常遇到幹部或主管自我介紹是「七六年HEC」、「八九年ENA」或「八〇年X」，指的是一九七六年巴黎高等商學院、一九八九年國家行政學院、一九八〇年巴黎綜合理工學院的畢業生。每當面對這些菁英名校畢業生，我都很驚訝，他們言下之意很明確：「我二十歲拿的文憑，給了我一輩子的身分和價值。」這正與「快速

失敗」的概念相反，不是要快速受挫，而是要快速成功。一勞永逸地保護自己免受風險，在規劃好的工作軌道上安頓下來，以二十歲時的成功定義自己的一生——這麼做似乎萬無一失，也更符合一般的期待。但你還看不出嗎？留戀著年輕時的文憑，是害怕正視人生，逃避現實。幸好，人總是得回歸現實面，而失敗有助於我們加快腳步。

加斯奎特和納達爾的網球生涯證實了，我們最好要跳出成功的軌道，而且愈早愈好，這也是測試抗壓能力的機會。

而這正是失敗的一個助益：**你必須先失敗，才能從失敗中復元，所以不妨盡早開始。**

經驗值更重要

在中小學教育體系中，也能發現「快車道」這種落後觀念的副作用。法國的老師分為兩類：只獲得中學教師資格證明的老師，每週要上十八小時的課；若通過更高級別的高等教學資格考，僅需上課十四個小時、薪水更高，而且兩者的差距只會愈來愈大。

可以說，我們離「快速失敗」的觀念還很遠。二十二歲沒能通過高等教學資格考的老師，付出的代價是薪水更少、工時更長，直到生命盡頭。這種體系荒謬透頂，完全否定了個人經驗的價值。

在這樣的國家，學生剛升上高一就得知道自己想學什麼，因而會擔憂升高二時卻發現並不擅長所選的科目。當孩子們被警告「不要做出錯誤的選擇」時，甚至還未滿十六歲。**我們應該讓孩子們安心，告訴他們一開始犯了錯，有時卻能更快找到自己的路。**有些失敗比成功讓人更快進步。

我們應該告訴他們，納達爾那天輸給加斯奎特，但他卻贏了。

或者跟他們聊聊波士頓醫學院的老師是如何挑選學生的。由於立志「行醫」且看似滿足所有條件的學生太多，波士頓醫學院的老師優先考慮的竟是「經歷過失敗」的考生。最受老師們青睞的是曾選擇其他專業，但後來意識到入錯行，最終決定行醫的學生。的確，老師們認為錯誤的選擇有助於一個人成長得更快、發現志向，也就是更瞭解自己。更簡單地說，降低了學生在入學幾個月後，意識到自己其實不想行醫的風險，因為他們已經換了一次跑道，不太可能再換第二次。

受困於「快車道」觀念的不僅是高中生和大學生。在法國，對於企業主來說，「破產」是一項難以跨越的障礙，大多數時候會使企業成長停滯不前，很難為新計畫找到資金。

而在美國「快速失敗」的文化中，身為企業主知道如何述說自己的失敗，這會被看作一次經驗、一種成熟的證明，表示至少犯過一種類型的錯誤，以後不會重蹈覆轍，並且更容易獲得企業貸款。

法國卻恰恰相反。直到二〇一三年，法國的銀行都有一份「040檔案」，記錄了經歷過司法清算的企業主，榜上有名意味著被烙上印記，可以肯定公司的新計畫再也無法融資。即使後來這份檔案成了歷史，對於銀行家和投資人的影響卻依然存在。

失敗，在法國意味著有罪。但在美國，**失敗代表大膽、勇敢**。

在法國，失敗的年輕人就是沒有走上正軌。然而在美國，**失敗表示你從年輕時就開始尋找自己的道路**。

成功使人飄浮，失敗讓人落地

法國的問題是太看重理性、過度重視象徵著理性勝利的文憑，卻對生命經驗不夠重視。我們身為柏拉圖和笛卡兒的傳人，理性主義有餘，經驗主義不足。

大多數經驗主義哲學家是盎格魯—撒克遜人，如英國的洛克（John Locke）、休謨（David Hume）和美國的愛默生（Ralph Waldo Emerson）等，這絕非偶然。

休謨說，我們所知道的一切都來自於嘗試。一個世紀之後，愛默生也說：「人的一生就是要進行嘗試，嘗試得愈多，生活就愈美好。」

失敗的經驗，是關於生活本身的經驗。

當我們**醉心於成功時，常感覺自己飄浮在半空中**，這並非刻意，而是自然而然發生的。然而在**失敗時，我們碰撞上一種不熟悉的現實**，受到衝擊而震驚，它攫住我們，那種感覺沒有任何理論能夠界定。

這不正是對生命的一種定義嗎？
我們愈早失敗，就能愈早開始對人生提出問題，而這是成功的要件。

錯誤是理解真理的唯一方法（真理的思考與解讀）

——對每一個小進步充滿熱情

「真理只是被修正的錯誤。」——加斯東．巴舍拉（Gaston Bachelard，法國哲學家）

失敗的第一直覺

哲學家兼詩人巴舍拉對科學家的定義是：知道自己最初犯的錯誤，並勇於改正。他認為偉大的科學家和一般人一樣，一開始也會犯錯，對事物也會有錯誤的看法，以為海綿會吸水、木頭能浮起來。但他們之所以成為科學家，就是因為不受最初的想法侷限。

科學家以做實驗來驗證想法的真實性，並且在觸及現實及自然的法則時，有改正最初錯誤的非凡勇氣。他們瞭解海綿並不會「吸」任何東西，而是周圍的水浸潤到海綿的空腔中；木頭也並非自身漂浮起來的施力方，那只是木頭質量與排出水的體積相比的結果，也就是阿基米德原理。

因此，巴舍拉斷言：「真理只是被修正的錯誤。」

在《科學精神的形成》（*La Formation de l'esprit scientifique*）一書中，巴舍拉重新審視科學史，提出科學家必須經歷犯錯的過程，才能發現真理。就像要打贏撞球一樣，通往真理的路並非直線行進。

我們的第一直覺太過幼稚，無法揭示自然法則。「直覺」表現的是思想如何運作，而非世界如何運行。因此，我們必須看到第一直覺的「失敗」，才能接近真理。巴舍拉寫道，必須「將第一直覺這個混雜體打散、瓦解」，而這需要付出心力和勇氣。

被修正的錯誤如同一塊跳板，是求知路上的推動力。**錯誤並不會一下子就讓我們學習得更快**，對於科學家來說，**「修正錯誤」是學習的唯一方法，也是發現真相的唯一途徑**。科學家若沒有遇到問題、少了失敗的第一直覺，就永遠不會有任何發現。

嘗試就是成功

通用電氣的創辦人愛迪生一生申請了上千項專利，發明的留聲機使電影成為可能。但在此之前的一八七八年，他整晚待在紐澤西的工作室裡，想要發明電燈泡。他沉迷於研究，每晚只睡四個小時，嘗試了數千次，最後在充滿氣體的燈泡中，把一根鎢絲加熱到白熾狀態。

為什麼他沒有絕望？是什麼支撐他堅持實驗？大家通常會說是非凡的意志力，似乎他成功的祕訣就在於堅持不懈。

這種想法忽視了最關鍵的一點：令愛迪生著迷的，是這些失敗教會他的自然法則。他知道必須先失敗才能成功，從沒有科學家能一眼就察覺到真理。終於，他點亮了第一盞電燈。

這種驚人創造力的祕訣就在與「現實」的關係。他從未將現實當作可以任意揉捏的橡皮，藉此展現力量。恰恰相反，他**把現實看作一個需要質疑的問題、值得探討的謎，一種取之不盡的奇蹟源頭**。

這樣的態度讓我們明白如何換個角度看待失敗。即使鎢絲沒有成功，愛迪生也沒有失

敗，因為「嘗試就是成功」。他堅守著自己的好奇心。

他知道，一開始的「不理解」是接近真相的唯一方法。

愛因斯坦一針見血地指出：「一系列的成功證明不了真理，而只需要一次實驗失敗就能證明理論是錯的。」

一個理論被實驗驗證並不能證明它是正確的，因為證明其無效的實驗可能還沒有做出來。而反過來，如果有一次實驗無效，那就證明理論是錯的。因此，「證明理論無效」的實驗，比成功的實驗更能帶來決定性進展。

日本有句諺語：「我們從勝利中所學甚少，從失敗中所得甚多。」科學家的毅力不為別的，**即使沒能驗證自己的假設，也沒有浪費時間，因為他們在進步**。他們忍受失敗，因為失敗揭曉了事物的某些本質。

「犯錯文化」能減少挫敗感

所有的實驗室，包括醫學、神經科學、生物學、物理學、天文學等，都在教「失敗的益處」。一項研究剛展開，實驗室就開始分析錯誤，研究人員覺得犯錯很正常，甚至把錯誤當作真理的甘露。

這與學校看待錯誤的方式完全不同。當然，一定也有老師深信學生能從錯誤中學習，但教育體系似乎不以為然。年輕學子無法理解所學的內容，或只是沒有實際應用學到的方法，就會被批評，不被老師喜歡。

我們既然理解了巴舍拉說的「真理只是被修正的錯誤」，如何能讓學生再承受這種奚落？作業沒做對的學生常常被指著鼻子批評，成績不好被歸咎是偷懶、不用心，或者更糟糕的情況是被認為不夠聰明。

成績不理想，只是學習過程中的一個階段。令人驚訝的是，**大多數一、二年級的小學生把犯錯看成一種恥辱，但全世界的研究人員卻認為這是正常、有益且必要的**。

「國際學生能力評量計畫」（PISA計畫，由經濟合作暨發展組織主導，目的在評量各國的教育成果）的多項評比結果顯示，法國的年輕人似乎過度害怕犯錯。從學生面對選擇題考卷的作答方法可得知，儘管知識能力高於平均值，但他們寧願不作答，也不願意冒答錯的風險。在他們所受的教育中，犯錯的價值被嚴重低估，甚至被認為是悲劇和恥辱。

我們必須告訴學生，有多少天才、科學家與藝術家都曾犯錯，讓學生們知道那些大師透過犯錯，理解了多少、又學會了多少事情。給他們看看畫家滿是塗抹和刪改的畫本、作曲家密密麻麻修改的樂譜，還有那上面憤怒劃掉的筆跡。

看到文豪普魯斯特的手稿，尤其是保存在國家圖書館的作品《追憶似水年華II——在少女們身旁》，會讓人驚訝手稿上竟有大量的刪減和潤飾，許多句子被修改或移動過。**有的段落最終能夠成文，唯一的辦法似乎是一開始就不知道怎麼寫。**一篇好文章不是能一筆寫就的。**你必須一次又一次地失敗，失敗得「愈來愈好」，最後才能達到目的。**

這或許就是諾貝爾文學獎得主貝克特（Samuel Beckett）說「失敗，失敗得更好」的意思。這是貝克特對藝術家下的定義，也是成功生活的祕訣。

網球選手瓦林卡（Stanislas Wawrinka）是二〇一五年法國網球公開賽冠軍、二〇一四年澳洲網球公開賽和台維斯盃冠軍。關於「失敗得更好」的意思，瓦林卡似乎非常清楚。他的左前臂有刺青，是出自貝克特的一句名言：「嘗試過，失敗過，無所謂。再試，再失敗，失敗得更好。」

被問到為什麼選擇這一句時，他說貝克特的話一直支撐著他，在他看來，沒有文字比這段內容更充滿希望了。

藝術創作的失敗過程與科學家犯錯十分相似，雖然痛苦，但藝術家認為要成就最後的作品，絕對少不了這一步。

若沒有「犯錯文化」，失敗只會讓人更痛苦，藝術家和科學家就會像我們一樣被挫敗感擊倒。但實際情況恰恰相反，儘管有時感到痛苦，但他們仍毫不遲疑地重返工作，對每一個小進步充滿熱情，睜大著眼睛，心中充滿喜悅。

實際上，**把正常的錯誤變成痛苦失敗的原因，是「挫敗感」這種糟糕的感覺**。而「犯錯文化」可以預防挫敗感的產生。

每個害怕科學的學生都應該知道，科學家先是一個「會犯錯的人」。科學進步就像巴舍拉所說的，只是經過一系列修正的結果。每個被論文題目難倒的學生，也都應該看看大作家密密麻麻修改過的手稿。

至於老師，當學生交上來的作業狀況很糟糕時，與其用「亂七八糟」或「能力不足」等詞語羞辱，何不用更包容的評語，比如「**向大作家學習，重寫你的作文**」？

重蹈覆轍是魔鬼

「犯錯是人之常情」，對於這句話，我們通常理解為犯錯並不嚴重，「可以原諒」。但其實可能有另一層更深的涵義，也就是巴舍拉所說的，錯誤是人類的學習方式，並且只屬於人類。動物、機器、神靈（如果有的話）都不會透過這樣的方法學習。

這句話的起源已不可考，在斯多噶學派作家（如塞內卡和西塞羅），以及基督教作家（如聖奧古斯丁）的作品中都能找到，但我們往往沒有完整地引用：「犯錯乃人之常情，重蹈覆轍則是魔鬼」。

事實上，如果只能從錯誤中學習，那麼**「重複犯錯」就是讓自己陷入無知，什麼也弄不明白**。

有位企業主曾對我說：「我的員工第一次犯錯時，我會說錯得好。但如果他第二次以同樣的方式出錯，我會說他是個蠢貨。」

起初，我並不喜歡這句話，覺得充滿傲慢，甚至是輕視。但這意味著把傑出藝術家和科學家的教訓拋諸腦後。如今，我覺得這句話非常有道理。

危機是一扇打開的窗（我們這時代的問題）

——危機，反而是有利的時機

「危機中孕育著救贖。」——賀德林（Friedrich Hölderlin，德國詩人）

「有利」的危機

我們經常把失敗看作關上的大門，但如果它也是一扇「打開的窗」呢？

這就是法語「危機」（crise）一詞的詞源涵義，來自希臘文，意思是「分離」。在危機中，兩個元素被分開，出現了一個裂口，一個讓我們望見其他事物的空間。從字面上看，這就是一道裂痕，一個可以看到外面世界的開口。

希臘人以「kaïros」（「卡伊洛斯」，也是希臘神話中一個神的名字）這個詞，比喻現實以前所未有的方式展現的時刻，可以翻譯為「有利的時機」或「恰當的時機」。說**危機是「有利的」，也就是將危機當作瞭解「被隱藏的訊息」、看出「被掩蓋的事物」的機會**。

從生物學、經濟學、人際關係層面或政治層面等，所有領域的發展皆託危機之福。

・醫學

醫學進步史，在本質上就是疾病的歷史。醫師正是透過研究處於危機、無法正常運轉的身體，才拓展了認知的範圍。每一種新的疾病都是為理解人體新陳代謝打開的一扇窗。正是因為對靜止人體的研究，才讓我們進一步地瞭解人體如何運作。

例如，糖尿病患者讓醫師想瞭解人體內的糖是如何產生、血糖含量如何調節。若沒有糖尿病患，醫師也許更晚才能發現胰島素調節血糖的作用。

·交通工具

我們所用的工具也一樣，**失敗常常啟發我們反思和理解，提出原本不會問自己的問題**。

誰不是遇到汽車在偏僻鄉間故障，打開了引擎蓋，才頭一次想知道引擎如何運作？是的，只有當汽車出了毛病，我們才會想知道車子怎麼運轉。承認吧，駕車疾駛於陽光大道時，我們只感到陶醉，放飛自我，不會去想這種問題。

失敗的智慧從第一次故障開始，引擎蓋就像一扇打開的窗，促使我們去瞭解引擎的運轉原理。

同樣地，每當飛機失事，都會進行獨立調查，調查結果會發布給相關單位。每一場悲劇都包含著與飛航安全相關的有用資訊。

二〇〇九年從里約熱內盧飛行至巴黎的航班空難，是法航史上最致命的一次事故。事後的黑盒子分析顯示「皮托管故障」是決定性因素，冰晶阻塞皮托管，干擾了速度的正確顯示，飛行員因而在起飛後，未能正確操控飛機。隨後，法航與其他航空公司都更換了所有飛機的皮托管。這次空難使得飛安普遍獲得改善。

・歷史

歷史上也滿是**原本是危機或悲劇，後來卻成為開展未來的轉機**。

課本中寫著二次大戰時，一九四四年六月六日盟軍在法國諾曼第登陸，但很少提及，這次行動是因為一九四二年的「慶典」作戰計畫失敗。一九四二年八月十九日清晨，一支由加拿大和英國組成的盟軍企圖在迪耶普（Dieppe）登陸，卻遭遇慘敗，派出的六千名士兵中，有四千人陣亡或被俘。盟軍錯在未經空中或海上轟炸就強行登陸，正面攻擊防禦嚴密的港口。

這場危機之後，盟軍明白若想成功，在法國海岸線的登陸行動必須有掩護，甚至需要提前採取行動，轉移注意力。

・生活

生活中的危機同樣有幫助。

當伴侶之間發生危機，也往往使彼此更加理解對方的期待，以及兩人如何能（或不能）繼續幸福地相處。

憂鬱不也是一份異常痛苦的邀請函，為我們打開一扇窗，讓我們去看見不想看到的？憂鬱的作用可能正是要強迫我們停下來，思考自身存在與期望之間的差距、對於自我的拒絕和否定，以及自我的潛意識欲望。經歷這種精神崩潰之前，有多少人從未思考過自己內在「潛意識」的那部分？就像當車子開不動時，我們才不得不去瞭解引擎是如何運轉。

憂鬱的症狀顯示在意識的保護之下，有些情況需要釐清、破譯或者被傾聽。接著便開啟一場有益的冒險、一趟精神分析之旅，讓我們更理解自己，更清楚自己的複雜性，換句話說就是「更明智」。憂鬱可以成為解開我們內在之謎的適切轉機。

・經濟

如果說資本主義史上的多次危機，也是瞭解資本主義本質的一扇窗，那麼危機一而再地重複，似乎顯示要分析背後的問題並不容易。

二〇〇八年的次貸危機迅速蔓延全球，金融風暴擴散到實體經濟，投機泡沫破裂，然而

這原該是能預料的狀況。

雖然這場危機與一九二九年的股市崩盤不同，但兩者實在有太多相似點，讓人懷疑經濟學在這段期間有多少進展。儘管經濟學家希望像飛航工程師一樣，每經歷一次事故，都能提高系統的穩定度和可靠性，不過經濟領域的發展仍有待討論。

這也提醒我們必須保持警覺，做好準備，才能真正抓住機會，在危機中發現問題。那扇「窗」雖然打開了，但並不表示我們一定能理解眼前揭露的真相。

無論身體或心靈，不管是發生在歷史上還是私人生活中，**危機都把現實撕開了一道裂縫，瞬間將隱藏在後的事實呈現面前**。德國詩人賀德林的詩句正是這個意思：「危機中孕育著救贖。」要等救贖出現，就必須**睜大眼睛**。

集體的危機

對於當下的政治、社會、經濟及最重要的身分認同危機，思考「危機中孕育著救贖」這句話，對我們可能有幫助。

政治的代議制度失去作用，讓人再難想像整個國家會是什麼樣子，更別提歐洲了，我們對選出的代表也失去信心。每任總統都打破了前一任不受歡迎的紀錄，主流政黨被激進分子拋棄。許多時候，我們必須身處國外才能重新找回當法國人的感覺。即使遭遇恐怖攻擊，我們真正團結的時間也僅只幾天。

難民危機反映了身分認同的危機，我們不確定是否該接受還是拒絕難民。法國一直宣稱自己是人權國家，但只接受了上萬人，德國所收的難民則數以百萬計。儘管我們不像奧地利完全對難民關上大門卻滿口人權，但表現得與奧地利十分相似。這種分裂顯示我們的自我認同變得模糊。

我們喪失了命運共同體的意識，失去訴說自我和講述我們故事的出口，從根本上來說，我們再也不清楚身為法國人意味著什麼。

·打開救贖的窗

集體危機也是一扇打開的窗，危機同時揭示了「危險」和「救贖」——若把眼前的困難斷然看作輝煌過往的終結，就是尚未意識到，所有危機都蘊含著這個「可進可退」的真理。

擔憂蒙蔽雙眼，使我們忘記**危機不只是結束，也是開始**。危機都是突然的轉變。如果只盯著過去，一直說著「以前更好」，我們就無法深入去思考危機的真正意義，從中找到可以帶來拯救的幫助。

要做到這點，必須集中心力，最重要的是別躲進幻想中的過往或者抱怨不停，而逃避複雜的當下。若真心認同「危機中孕育著救贖」這句話，就會以不同的方式看待這場危機，並**好奇它將帶來什麼**，而不會陷入憂鬱。

我們會走到那扇窗前，儘管憂心忡忡，卻滿懷熱情地發現黎明的希望。

若任由自己被身分認同危機吞沒，沉浸於害怕和悲嘆中，畏畏縮縮，這是向悲傷投降。對沒落的榮光感到惋惜、因無休止衰落而悲痛的那些人，想將我們拖入他們的悲傷中。最令憂傷心靈惱怒的，便是充滿希望的靈魂。

・透入裂縫的光

「萬物皆有裂縫，光從這兒進來」——加拿大的音樂人李歐納・柯恩在〈讚美詩〉

（Anthem）中唱道。危機就像這些裂縫，把光過濾進來，使光變得更強。

若西方（所謂「日落之地」）的真諦，在這道光中顯現呢？

歷史學家布舍龍（Patrick Boucheron）在法蘭西學院的第一堂課上，提問：「何為真正的西方？」

他認為真正的西方體現於「衰落之光」中，而非明確、直接的力量。他強調在歷史上，西方人不管身處哪段偉大的時期，都認為自身文明在衰落。身為中世紀專家的布舍龍指出，十六至十七世紀宗教戰爭時期的人們，便不認為「西歐」的概念有什麼了不起。

另一位歷史學家費弗爾（Lucien Febvre）則表示，十六世紀的人是悲傷的。他說在此之前，所謂西歐是一種通用的地理概念，就和阿拉伯語的「馬格里布」（意為「日落之地」、西方）一樣，此外沒有任何意義；而對於阿拉伯地理學家來說，馬格里布即不祥之兆，與所謂的「日出之處」（東方）對立。

費弗爾還說：「談到西方的衰落，總有種有點可笑感，因為『西方』就是指夜晚即將到來的大地。」

但對於布舍龍而言，西方的真與美恰恰展現於「衰落之光」中。擔憂使我們成長，因自我懷疑而展現了高度文明。

「這個『我們』是誰？」布舍龍提問：「若今日的歐洲因可悲的身分認同倒退而負傷，那是因為我們忘卻了最珍貴的歷史遺產──一種猶如『歐洲之痛』的感受。那是對於自我存在的強烈不安感，而這種不安，正是我們追求成就、永不滿足的強大動力。」

依照布舍龍的說法，西方的特點是在輝煌中總夾雜著隱憂，並且將不滿足化為動力，這是一種出於人文精神的積極力量。遺憾的是，這份**擔憂卻使我們走向封閉**，導致「可悲的身分認同倒退」。

我們正在經歷一場失敗，曾經溫暖的太陽正在下落。這片土地不再能讓人和諧共處，也不再是能融合不同族裔、納入單一價值觀的國度。

曾經，全世界都能聽到我們的聲音，如今卻傳不遠了。除了時尚、奢侈品和美食等少數領域，我們不再是其他民族的榜樣。但如果我們還記得如何在「日落之光」中展現實力，那麼這次失敗將使我們重新振作起來。

什麼有意思的事情開始了？

亞里斯多德曾警告，要抓住「恰當的時機」並不容易。在希臘神話中，這個「恰當的時機」指一個紮著小馬尾的光頭神明「卡伊洛斯」，人們想要抓住他，手卻會從光滑的頭皮一劃而過，除非能抓住他的馬尾，為此必須眼明手快，不怕困難。也許這正是今日的我們所缺少的。

執著虛構的過往，捍衛一成不變的封閉與保守，因恐懼而拒絕時代的改變，只選擇簡單和容易的事情去做，這是種退縮。歷史證明，甘於恐懼雖然比喚醒勇氣容易，但也更危險。

要理解結束跟開始、失敗和希望、悲傷與歡樂可以同時存在，這並不容易。政治哲學家漢娜・鄂蘭（Hannah Arendt）認為，真正的政治是「開闢一個新時代」，否則就只是對日常事務的簡單管理。她著有《文化的危機》（*La Crise de la culture*）一書，認為政治的美德在本質上是「肇始之德」。

因此，讓我們直面這個時代的集體危機，問一句：「什麼事情開始了？」更準確地說是：

「什麼有意思的事情開始了？」

若屈從於僵化的反動觀點，逃避上述這個蘊含政治本質的好問題，便會陷入另一種執念：「我們失去了什麼？」

這個提問一開始或許合理，然而一旦變成唯一的思考，便不再合理。任其抹去其他的問題與思索，不但忽視了「危機」的價值，也錯失政治之美。

失敗是對夢想的考驗（辯證法的解讀）

——逆境滋養了生命力

「困難會吸引意志堅定的人，因為只有擁抱困難才能實現自我。」——戴高樂（Charles de Gaulle，前法國總統）

一生的渴望

一九五〇年，一個叫莫妮卡的女孩離開巴黎，希望在比利時的布魯塞爾實現自彈自唱的表演夢想。她既沒有資源，也沒什麼背景，很難找到願意給她機會的地方。後來，莫妮卡終於被一家夜總會接受。她想演唱知名女歌手琵雅芙（Édith Piaf）的歌曲，卻不得不暫停，因為觀眾的噓聲太大了。

不過，她在舞台上所展現的特質並未消失，那是一種樸實無華的風格，不同流俗的堅定。

一九五一年底，她回巴黎開始新一輪試鏡，經過試演，終於得到工作機會：在廚房洗碗一年。她接受了。

那時她還沒成為「香頌天后」芭芭拉。

失敗並沒有讓她改變初心。正好相反，不如意的際遇幫助她衡量自己的能力，展現獨有特質。

事實上，失敗是對夢想的考驗，讓我們藉此機會檢視自己內心的渴望。比如**認清自己沒能成功，是因為這並非我們真心想要的**。或者相反的是，就像芭芭拉一樣，**雖然受挫，卻感受到願望的持久力，意識到這種渴望是我們一生所求**。

在廚房洗碗十多年後，芭芭拉終於如願以償，她創作和演唱的歌曲打動人心。

聽芭芭拉唱歌，看她在舞台上的神態並留意她寫的歌詞，可知那份力量是從逆境中滋長，讓我們感受到一股在艱辛路上不斷磨練出的生命力。

她曾在歌曲中描述自己到了父親所在的城市南特，而這個曾在兒時虐待她，後來再沒聯繫的男人已來日無多。她唱道：「這個無家可歸的人、這個不辭而別的人，他又回到我身邊……」

父親葬禮後的第二天，芭芭拉就開始創作這首扣人心弦的歌曲〈南特〉。

正如她在作品中所描寫的，這個男人偷走了她的童年，但仍想「在死之前，以她的微笑溫暖自己」。她的父親瀕死時，「沒有告別，沒有我愛你」。

若童年平靜無波，寫不出這樣的歌，正是因為經歷痛苦，才有這些歌詞。〈南特〉是芭芭拉最成功的一首作品。

對欲望的考驗

體驗失敗就是考驗自己的渴望。我們會意識到，有時乘著那份渴望可以超越逆境。

從第一次世界大戰開始到二次大戰結束，戴高樂將軍經歷的挫敗比芭芭拉還多，在兩次世界大戰之間，他苦嘗失敗。正如他在回憶錄所寫，一次大戰「震撼了他的心靈」，但失敗感主要來自長期被囚禁：從一九一六年三月到一戰結束，國家受威脅時，他卻被剝奪了戰鬥的權利。

一九一八年十一月一日，他在給母親的信中寫道：「在我看來，我的一生，無論長短，這種遺憾始終如影隨形。」

他五次試圖逃跑，但是都失敗了。

戰後，他曾到波蘭、萊茵河的軍隊服役，還去中東執行過任務，因為總感到不如意，必須做些什麼。一九三四年時，他只是默默無聞的中校，發表了書籍闡述其理念，希望以此受到認可，無緣成為行動家的他想以作家及戰略家之姿為國家服務，然而回響寥寥。

甚至到了一九四〇年六月十八日，貝當政府投降、即將簽署停戰協定時，他在倫敦透過BBC發表演說，一開始也並未引起注意。如今回過頭去看，他的這次號召正是法國「抵抗運動」的開始。

一九四〇年七月十四日，他自封為「抵抗運動」領袖，首次在英國閱兵時，成員不到三百人。在眾人驚愕中，法國遭敵人征服並占領，沒有人認識這位無名將軍，軍事法庭甚至透過缺席審判將其處以死刑。他的號召似乎怎麼也引不起回響，反而讓人懷疑他是否另有所圖。他希望舉行大規模集會，但沒有任何軍事將領和重量級政治人物到場，只有少數夢想著訴諸武力的冒險者、幾名後備軍官和漁民……

一九四二年十一月八日盟軍登陸北非時，掌權的是亨利・吉羅（Henri Honoré Giraud），而不是戴高樂。直到一九四四年六月六日盟軍登陸諾曼第，仍然把戴高樂冷落在一旁。八月二十六日，兩百萬巴黎人來到香榭大道迎接戴高樂將軍，呼喚他為英雄，盟軍這才別無選擇，只能承認他在六月建立的法蘭西共和國臨時政府。

他在回憶錄寫道：「困難會吸引意志堅定的人，因為只有擁抱困難才能實現自我。」失敗能夠塑造這樣的品格，讓人準備好承受更多的失敗。那些挫折證明戴高樂確實有心服務國家，也培養了他抵抗逆境的力量，這就是他成功的關鍵。

若戴高樂沒有經過一九一四至一九四〇年這二十多年的失敗，當他多次從倫敦發出號召卻回響甚微時，他還承受得住嗎？

貼近困難，與其對抗

與失敗緊緊相依、拉鋸抗衡的過程，展現了一個人的品格。也正是在貼近困難、與其對抗的歷程中，人生得以開展。

讓我們更細膩地來瞭解這背後是如何運作的。

・生命的動力

法國哲學家柏格森（Henri Bergson）的生命哲學闡明了這點。他說生命就像一種能量，更準確地說是「精神能量」，在生命、植物、動物和人體內流動，並且隨著生命的發展而越發複雜。

按照柏格森的說法，生命會遇到障礙，必須在自身尋得創造力，才能繼續成長，「創造力」是所有生物身上的深層真理，正如儘管有障礙，常春藤仍會攀上石頭。

以此類推，可以將芭芭拉和戴高樂展現的生命力，解釋為比任何事物都強大的一種生命衝動，超越了植物和動物的分野，非凡地凝聚於這些傑出人物的創造力中。

這種生命哲學的解讀很有意思，從這個角度來看，**人生愈是遇到阻礙，我們愈能體會到生命的衝動或動力**。

但從這個觀點解讀還不夠具體，並未闡明他們兩人命運的共同點。芭芭拉和戴高樂是因為面臨失敗才充分發揮生命力，因此，並非他們的生命力比逆境更強大，而是那些不如意滋養了生命力。

・不如意滋養了生命力

德國哲學家黑格爾的辯證哲學可以幫助我們理解這一點。

黑格爾在著作中展示**力量要發揮作用，都需要有另一面的反對和否定**，才能彰顯這個力量。

換句話說，「精神」需要對立面才能認清自己。因此，「辯證法」是指對立的兩方不可分割，各自最終會戰勝自己的對立面。

黑格爾認為，我們從世間存在的各個層面都可以觀察到這個過程。當遇上相悖的信仰時，我才能完全意識到自己的信仰——要有別的信仰否定我的信仰，才能讓我找到所有捍衛它的論據。

這也是要寫出一篇哲思佳文的原則，一個論點必須有對立的觀點，才能突出其全部的力量，因此最後一步不是簡單的整合，而是「超越」。一個論點之所以能成立，是透過吸收對立的觀點。

同樣地，面對惡，善才有完整的意義。必須有「惡」存在並威脅到「善」，如此善才會出現，並展現出所有的美好。

黑格爾甚至以這種辯證的觀點解釋上帝如何創造世界。上帝是純潔的精神，因此必須有與祂最不同的東西，即「物質」，祂才能意識到自己是「精神」。所以上帝創造了世界——也就是自然這個「他者」，由此直面自我，並認知到自己身為「精神」的存在。黑格爾的上帝是一個不安分的上帝，祂想要知道自己是誰，也必須經過「否定」的檢驗。

有了黑格爾的辯證法，我們更能理解為什麼芭芭拉和戴高樂需要消極、失敗或逆境，才能真正展現生命力。

生命力與逆境密不可分，在生命的運作中，兩者超越了對立，推動彼此的發展。

失敗是成功的對立面，但這種對立正是成功所需要的。

如果黑格爾是對的，辯證法真的說明了所有過程的真理，那麼這種「動態的對立」就可以推動進步。

失敗突顯了成功的價值

「在我的職業生涯中，有九千次投籃沒進，輸了近三百場比賽。有二十六次，大家都相信我能投出制勝一球，但我卻錯過了。在生活中，我失敗了一次又一次。這就是我成功的原因。」

麥可．喬丹這句話充滿黑格爾的風格。喬丹是美國獲得NBA冠軍次數最多的人，但當他談及職業生涯，卻認為自己的失敗和成功一樣多。

他知道成功絕不會輕易接連而來，只會跟隨在失敗之後。那些沒投進的球成就了他，使他的風骨在逆境中得以展現。

假如沒有挫折，或許就無法顯現一個人的品格。

黑格爾會說，若沒有否定的力量，「肯定」的力量就無法充分發揮作用。著有《精神現象學》（*Phenomenologie de l'Esprit*）的他更進一步地表示：沒有否定之力，就沒有肯定之力。

從失敗中，學會謙卑（基督教如何解讀？）

——從嬰兒式的「全能」幻想中清醒，看清現實

「被蘋果公司解雇是我經歷過最好的事。」——賈伯斯（Steve Jobs，蘋果公司創辦人）

發現自我極限的機會

法語「謙卑」的詞源意思是「地面」。

失敗通常意味著「重回地面」，不再把自己看成上帝或自認為優越，從嬰兒式的「全能」幻想中清醒（這種幻想經常讓我們四處碰壁），也就是**腳踏實地、實事求是地明白自**

己是誰——想要成功，這是最實在的訣竅。

身為教練都知道，對於一個冠軍來說，沒有比「傲慢」更糟糕的了。傲慢就是覺得誰也贏不了自己，自己永遠不能輸。在高水準運動中，這種情況非常明顯。

唯有「好的失敗」更能提醒運動員保持警覺，重新對自我提出質疑。少了這種質疑，就無法好好發揮天賦的潛力。

運動員有時必須自認為「沒有」過人之處，才能真正變得比別人更優秀，因為如此他才會心懷尊重地觀察每個對手，絕不低估任何人，永不停止思考如何取勝。正是這樣的態度，才能保有勝利。

失敗教人謙卑，是發現自我極限的機會。自戀的幻想或無所不能的錯覺，只會讓我們對危機毫無自覺。

藝術家或作家都經歷過，當他們創作不出夢想中的「終極作品」時，會意識到自己並非造物主，作品像是在與其對抗，自己並非無所不能。

重拾謙卑，雖然時常伴隨著痛苦的失敗感，卻往往是新一輪創造的起點。也許一開始並不起眼，但創作者一直在進步，最終可能會成就高品質的作品。一名藝術家無法徹底創新時，會重新專注於自己的技藝，有時這是尋找靈感的好方法。

失敗讓人更謙卑，帶我們走上更可靠的道路。有時我們必須重回地面，才能重新學習如何飛得更高。

從傲慢中，獲得解放

被迫離開蘋果公司前，賈伯斯極度自大，沉醉於巨大的成功。蘋果公司是他在家中車庫一手創辦的。

一九七六年創立的蘋果品牌，從一九八〇年起就達到十億美元銷售額，公司上市則為賈伯斯帶來二億四千萬美元的利潤，當時他年僅二十五歲。

但這卻讓他失去對公司的控制，脫離現實。他聽不進任何人的話，只相信自己，完全不理解麥金塔電腦災難性的銷售表現說明消費者並不買帳。他也不聽同事的任何反對意見，經常羞辱下屬。因此，他先是被剝奪決策權，隨後於一九八五年，在投資人新任命的總裁逼迫下辭職。

被自己創辦的公司解雇，失落可想而知。但這個經驗使賈伯斯學會謙卑，這正是他需要的。他「重回現實」，並因此意識到各種限制的意義。拘束和限制，反而能夠激發人的創造力。

二〇〇五年，賈伯斯在史丹佛大學進行了一場十分動人的演講，他說：「一開始我並不那麼想，但現在我認為被蘋果公司解雇是我經歷過最好的事。」「它解放了我，讓我進入人生最有創造力的一段時期……這是一劑猛藥，但我覺得我這個病人需要。」

這位有遠見的企業家曾說，失敗把他從傲慢和驕傲中「解放」出來，並且在這個過程中讓他重獲新的創造力。

我們常以為創作者無所不能，完全不受限，這是對創造力的曲解。事實上，**孕育創造力的是謙虛與限制，而非傲慢或無所不能**。偉大的創作者明白「現實」永遠存在，自己必須面向現實，一次次進行調整，也知道並非一切皆有可能。

失敗喚醒了賈伯斯，於是他重新回到自己擅長的事情，創辦了「NeXT」，這是一家「以人為本」的公司，專注於軟體開發及高階電腦的生產。

在蘋果電腦大獲成功後，賈伯斯新創立的這家公司顯得沒什麼，但給了他一個新的機會，讓他繼續發揮才華，設計能夠吸引大眾的創新軟體。這項才能來自於他年輕時與養父一起組裝電子零件的時光。

他還從電影《星際大戰》的創作者喬治・盧卡斯手中買下皮克斯動畫工作室。皮克斯後來與迪士尼共同製作了《玩具總動員》、《海底總動員》等動畫片。

在此期間，蘋果公司遭遇一連串失利，尤其是微軟電腦獲得巨大成功，使蘋果公司瀕臨崩潰。由於缺乏創新的軟體，他們不得不收購NeXT，並在十二年後重新聘請賈伯斯擔任總裁。

重拾謙卑的賈伯斯凱旋回歸一手創立的公司。這份謙卑使他重新專注於自己的強項，將強大的軟體公司繼續發展壯大，這也是蘋果公司最終需要的。

賈伯斯再次掌舵蘋果公司後，重拾一開始就十分成功的策略，並加以改良：簡潔的設計、便捷的使用體驗和尖端技術。顯而易見，生意不是獨斷的遊戲，而是一場集體的冒

險，但曾經狂妄的自戀遮蔽了他的雙眼，使他忘了這一點。

賈伯斯與重組的團隊一同研發了iMac，立刻取得驚人成功，很快地改變了舊式電腦的模樣。接著是大面積投放的「Think Different」廣告，巧合般地向謙虛的歷史人物致敬，比如愛因斯坦和甘地。接著是iBook、iPod、iPhone、iPad……每項產品皆大獲成功。

認為只有自己才正確的這種錯，賈伯斯不會再犯。他意識到對於市場來說，過早的「正確」就是錯誤。

謙卑是求知的動力

科學家通常很謙虛，這絕非偶然，因為**科學家經常失敗，一生都在修正錯誤的直覺，所以有的是機會讓自己從傲慢或無所不能的幻想中解放**。

哲學家巴舍拉說，科學家知道如何謙虛地接受現實的鍾鍊，才能在知識累積上取得強大進步。依照他的說法，科學家驚人地將勇氣和謙虛融於一身，而這種融合正是現代人文主義的核心。

我們不是阿基米德、也不是牛頓，但可以從他們身上受到啟發。失敗使人謙虛，而虛心往往是成功的開始。

愛因斯坦說：「別擔心你在數學上遇到的困難，我的更難。」

在幽默背後，他告訴我們，虛心是求知的動力。**最能精確地懂得知識極限的人，也是正在拓展自己知識極限的人。**

學柔道，先學「被摔倒」

要說明失敗如何使一個人謙卑，進而幫助他在未來成功，「柔道」是很好的例子。

在這種身體與身體的對抗中，雙方隨時可能把對方打倒在地，這也是為什麼年輕人學柔道都是從學「被摔倒」開始。也就是說必須學會摔得好，肌肉不能收縮，身體必須靈活地滾動。

伴隨著身體摔倒，運動員還需要有一種心理上的認同——這種摔倒方式正表現了虛心：被對手抓住，摔在榻榻米地面上。

柔道運動員接受失敗，不僅如此，他還要利用這次摔倒學習，因為每摔倒一回都有助他多瞭解對手一分。摔倒是為了檢驗抓握法是否有效。既然這次起了作用，他就知道之後如何防守。運動員站起來之後，便學到新的知識。虛心與學習的關係密不可分。

失敗使人更謙虛，而虛心帶給人智慧，正是這種智慧讓我們贏得勝利。

跌倒多少次並不重要，只要能重新站起來，只要我們站起來之後更加聰明。

卸下多餘之物

至此，我不禁想到耶穌的十字架之路。走在這段苦路上，耶穌愈是跌倒、受苦，就愈接近上帝。

這段路程是基督教誕生的基石，在此，「謙卑」化為極致，甚至成了受辱，而最終通向了救贖。耶穌匍匐得比地面還低，這是祂能升天的原因。祂遭受的試煉沉重之至，甚至讓祂開始質疑：「我的上帝，我的上帝，你為什麼離棄我？」但這種懷疑也是教祂謙卑的一課，就好像祂必須摒除自己的神性才能融入人類，為人類著想，直到最後。

透過追問上帝，這些話最後成為耶穌表明自己的愛的終極行動。這場試煉也讓祂觸及信仰的純粹真理：只有在懷疑之中、與這份「懷疑」緊緊相依，信仰才存在。「相信」就是懷疑，就是在內心深處承受這份懷疑。

「虛心的人有福了，因為天國是他們的。」在《福音書》中，可以讀到聖馬太這麼說。這節經文經常被諷刺是為思想簡單的人辯護，表示無須討論《聖經》的教義，而是要不假思索地相信。

但還有另一種更深入的解讀：謙卑的人可能很聰明，他們只是根據《聖經》啟示的真理認識到智力的侷限。這種解讀與愛因斯坦晚年的觀點很接近：「最大的謎團，是我們竟有能力理解一些事情。」

聖保羅也明白自己的十字架之路，他也是謙卑的示範。他周遊世界只為帶去福音的好消息，卻遭毆打、羞辱及監禁。儘管如此，他卻寫下：「在我的長途跋涉中，我充滿了喜悅之情。」與耶穌一樣，跌入谷底使他觸碰到事物的本質。

卸下了多餘的，我們才能認清什麼是重要的。

即使沒有信上帝，也應該相信謙卑的美好，並從中看到基督教很重要的一項教義：上帝化身成嬰兒，這麼一個貧窮、脆弱的小人，降生在馬槽，在馬廄底部被人發現——這是以身作則的虛心模範。

失敗是對現實的體驗（斯多噶學派的解讀）

——面對現實吧！有些事，再努力也強求不來

「你所能控制的，是能否接受那些你無法掌控的事。」——愛比克泰德（Épictète，古羅馬斯多噶學派哲學家）

接納自己的無能為力

「我的上帝，賜我力量，讓我接受我無法改變的事；給我意志，讓我改變我可以改變的事；送我智慧，讓我知道如何區分這兩種。」

奧理略以此禱言適切地總結了斯多噶學派的智慧。[1]如同宗教典籍中的某些內容，這句話具有改變生活的力量。西元一六一至一八〇年，奧理略任羅馬帝國皇帝，斯多噶學派的教誨是他行動的智慧。

斯多噶學派到底要告訴我們什麼？**試圖改變自己無法掌控的事是徒勞的**，如果想要改變我們所處宇宙的力量也會無功而返，**不如儲備力量去做「我們能控制的事」**。愈不與自己的無能為力拉鋸，就愈能改變自己「有能力改變」的事；若將全副心力放在不可能改變的情況，也就無法在可以改變的地方有所行動。

這項教誨聽起來很有道理，但大家往往無法付諸實踐。我們太「現代」了，與古人的智慧之間，經歷了多少世紀不斷發展的科學技術。

我們從孩提時代起就深受「只要你想，就有可能」這個概念的影響，傾向於認為意志無所不能。我們急於爭論，往往認為一切都取決於自己，因而對現實有個錯誤認知，以為現

---

1 這句話近年來透過網路傳播得很廣，但並未出現在奧理略所著的《沉思錄》中。實際上，這句話出自美國神學家尼布爾（Reinhold Niebuhr）的寧靜禱文。奧理略生活的時代，基督教在羅馬被嚴重打壓，奧理略本人就對基督教進行迫害，不可能說出「我的上帝」這樣的話。

實像一塊可以任人揉捏的橡皮。成功讓人看不清真相。工作上的成就使我們聽不見斯多噶學派的奧理略、塞內卡、愛比克泰德的教誨，也就是「現實有時會與我們作對」。

失敗使我們終於能夠直面人生，讓我們知道眼前有一種東西，叫做「現實」。當我們被打敗，或者拚盡全力仍然無法成功，就很難再否認這一點。在現實中，確實有我們能控制的事，但也有事情非我們能掌控，否則也不會失敗。

斯多噶學派的教誨就從認知到這一點出發。要分辨什麼事操之在己、什麼事不能，其實極為簡單，但是若我們沒有失敗的經歷，便很難完全理解。

然而成功與否，往往來自這樣的區分。奧理略在《沉思錄》中一再地表示，必須從這條分界線開始，在行動之前，首先要確認什麼事情是自己無法掌控的，並且不要試圖改變。**「改變自己能改變的事」需要意志力，「不改變自己影響不了的事」則需要毅力。**如果實行斯多噶主義，就能省下大把的時間和心力。

我常常遇到一些主管對我說，當他們把奧理略的這個基礎原則內化於心之後，工作方式有了極大的轉變，他們不再忽視現實的各種限制便全面出擊，而是學會立即接受自己無法

掌控的情況，以便能更專注於其他方面。**將時間花在思考策略，不意氣用事，更注重平衡各方的力量，而不是比較能力的高低。**許多人告訴我，這種方法在商業談判中有出奇制勝的效果。

在他們的同意下，我會進一步詢問他們的背景，以及是什麼讓他們學會了這種斯多噶主義的行動智慧——大多數情況下，都是經歷了失敗之後。

不是贏，就是學習

毫無疑問，否認現實是一種反智。若不接納失敗，一定無法從中受益。

身為高中老師，我每天都在見證這一點：拒絕接受作業拿低分的學生，爭辯說老師的評語是指「勉強可以」，或者把作業塞進書包底，再也不去想它，這樣的學生不會花時間細想到底是哪裡出了問題。

與其把失敗看成壞事，很快就拋諸腦後，還不如學著**把失敗當成過於倉促的腳步中，生活的一次「停頓」**。否認失敗，等於拒絕抓住這個機會。斯多噶學派建議我們發自內心地接受失敗，因為它一定會揭曉一些現實狀況。

在奧理略看來，宇宙是一個封閉的世界、一個巨型的宇宙結節，各種力量交錯其間。他認為，治國就是發起由這些宇宙力量驅動的政策，這是人類的行為，但隨著世界的脈動而演變。為了對「我們能控制的事」產生影響，就必須利用「不在我們掌控範圍」的力量。從這個角度來看，一項政策的失敗是因為衝撞了宇宙之力，與世界的方向背道而馳，因此，失敗直指力量的現實面。這項珍貴的提示對於我們日後的成功可能有決定性影響。

斯多噶主義者**即使失敗了，也繼續對現實提問，思考眼前的挫折傳達了怎樣的真相**。這就是將失敗看作「與現實相遇」不可多得的良機，無論這個「現實」是指宇宙的力量、自然法則還是市場的規則。

在二〇一四年的台維斯盃網球賽決賽中，法國對陣瑞士，採五局三勝制。瑞士選手費德勒輸掉與對手孟菲爾斯的比賽後，法國和瑞士的比分為一比一。費德勒在回答一位記者提問時，恪守公平競賽的他先向對手的出色表現致敬，然後他又說了一句話，只是沒什麼人留意到：「我輸了，但我知道了我想知道的。」

他是在說自己的心態、場地特性、球的速度、公眾反應，還是之前受傷處的復元狀況？沒人曉得。但可以肯定他是因為輸球，「知道了自己想知道的」。接著費德勒贏下了兩場比賽，一場是單打，另一場是雙打。最後瑞士隊淘汰了法國隊，贏得台維斯盃。

那天早上，聽到費德勒說的那句難解話語，我突然覺得這名世界第一的網球好手有點斯多噶主義者的風範。

南非前總統曼德拉回顧自己值得所有人學習的悲慘經歷時，只說：「**我從沒輸過。我不是贏，就是學習。**」

抱怨現實，就是逃避現實

失敗每天都帶我們朝著成為斯多噶主義者更進一步，也使我們不再沉溺於對不公的怨懟。身為治理者的奧理略遇過許多阻礙，經歷不少失落，但他認為，失敗沒有所謂的公不公平。

斯多噶學派認為面對這種太過人性的情感，應該保持淡然。宇宙的力量也不能用公不公平來衡量，它們「存在」，僅此而已。我們必須與這些力量打交道，甚至利用它們，嘗試將行動融入這支力量之舞中。命運無所謂公不公平，因為它超越了人性。公平與否只是人類的解釋。**抱怨現實就是逃避現實，讓自己躲進毫無用處的主觀評價裡。**

即使不相信宇宙的力量或命運，我們仍然可以接受斯多噶學派的觀點，也就是抱怨不公無濟於事，更糟的是還會阻礙我們的行動和反應。**我們能夠自由做選擇，不在現實、困難和失敗之上，再加上一層毫無用處、對不公平的抱怨。**生活就是生活，這就足夠了，生活不一定要公平。

心理師、心理學家和精神分析師也都可以證實，當患者不再認為自己生病是不公平的，當他們開始接受自己的人生、說出「就這樣吧」，病情便有好轉的可能。

「就這樣吧」並不是充滿怨恨的尖酸抱怨，而是帶著滿滿尊嚴和勇氣、響亮的一聲：「就這樣吧！」蘊含著生命的力量。也不是「就這樣吧，我真的很倒霉」，而是：「**就這樣吧！我沒問題，我可以繼續前進。**」

現實就是如此，給我們斯多噶式的力量，讓我們認清失敗，瞭解什麼事情操之在己，什麼不是自己能掌控的事，而這又是失敗的另一個助益。

美國靈魂樂大師雷．查爾斯（Ray Charles）七歲失明，十五歲時失去母親，他還親眼目睹了弟弟溺水身亡。

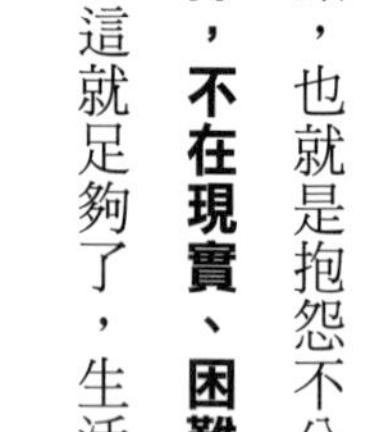

他說：「我有個選擇，不是拿著白手杖和破碗坐在街角，就是竭盡全力成為音樂家。」這是一份純粹的斯多噶主義宣言，與愛比克泰德的這句話產生共鳴：「你所能控制的，是能否接受那些你無法掌控的事。」

雷・查爾斯說「我有個選擇」，這句話便說明一切。他沒有將力氣浪費在抱怨困境，而是接受自己失明的事實，這不是他能改變的情況，但也不妨礙他努力成為天才音樂家和歌手，創作出許多膾炙人口的歌曲。

他就像一名純粹的斯多噶主義者，知道自己無法掌控的事（失去母親、弟弟及失明）和操之在己的事（鍛鍊才能，以驚人記憶力彌補失明的影響），這兩者之間的區別。也許正因為他選擇了「接受」，才成為後來的雷・查爾斯。

他曾經跟記者開玩笑說：「我瞎了，但我們總能找到比自己更不幸的人，我還可以是個黑人呢。」

面對逆境，雷・查爾斯說出了渾厚的「就這樣吧」，沒有屈服，而是充滿活力、幽默和生活的樂趣。他沒有對自己說「這不公平」，而是**向現實說「好」**。這個「好」，類似尼采筆下的查拉圖斯特拉對生命回以「是」，同樣也是接受現況的一種方式。

這也是斯多噶學派的行為：不為無法改變的事遺憾，盡一切努力改變「可以改變」的事。所以斯多噶學派的**「接受」絕不是放棄，而是一種肯定、對現況的認可**。

面對失敗與困難，問題不在公平與否，而是能否從中學到智慧，由此產生其他的創造。

我們是有選擇的

如果你看到你生命的作品毀於一旦，
一言不發便開始重塑，
或者在頃刻間失去所有，
卻沒有任何表示，也不唉聲歎氣。[2]

這是諾貝爾文學獎得主吉卜林的名詩〈如果〉（If）的開頭。這首詩末了以「你將成為真正的男人，我的兒子！」結尾。

這些詩句也滿是斯多噶學派的智慧：必須「有所失」，才能成為一個人；失去之後，又開始重塑。

反抗現實只是徒勞，更糟糕的是會適得其反。反抗會消耗心力，而這種心力正是重塑人

生所需要的。反抗只會讓我們偏離現實。

「不笑，也不哭，只要理解」，哲學家史賓諾莎在《倫理學》（*Éthique*）中，以斯多噶學派的語氣寫道。

吉卜林的這首詩也蘊含了同樣的觀點。「一言不發便開始重塑」，不說不公平，不在現實上再多加抱怨。「沒有任何表示，也不唉聲歎氣」，在斯多噶主義的幫助下，知道自己身處宇宙，非常渺小，改變不了事物的秩序，卻能主動利用比自己強大的力量。

失敗一旦出現，就不再由我們掌控。**我們能夠控制的只有自己如何生活。**我們可以因遭受不公平而哭泣，也可以把失敗當作看清現實的機會，幫助自己更堅忍地過生活。雷．查爾斯是對的：**我們是有選擇的。**

---

2 原詩為英文，本書的譯文由法語譯文轉譯。作者引用的法文譯本是由法國小說家安德烈．莫洛亞（André Maurois）改譯的版本，與原文出入較大。原詩開頭直譯為「如果所有人都失去理智，咒罵你，你仍能保持頭腦清醒；如果所有人都懷疑你，你仍能堅信自己，讓所有的懷疑動搖……」本書其後關於〈如果〉一詩的引用均轉譯自法文譯本。

失敗是重塑自我的機會（存在主義的解讀）

——好奇地問：「我能成為什麼樣的人？」

「當你奏出一個音後，只有下一個音才能告訴你這個音究竟準不準。」

——邁爾士．戴維斯（Miles Davis，爵士樂大師）

走出舒適圈

「存在先於本質」，沙特的這個論點看似複雜，其實不然。這句話是說**我們在活著時，自由地存在，自由地自我創造，自由地自我修正，成就著自己的歷史——這段歷史才是最**

重要的，它決定了我們是什麼，而非某種本質（比如上帝的意願、人類的基因或社會階級）。這是沙特的存在主義哲學核心，他屬於主張「生成」的哲學家，尼采也是。在《查拉圖斯特拉如是說》中，尼采重拾古希臘抒情詩人品達（Pindare）的教誨：「成為你所是」——做你自己。要做到這點，表明自己的獨一無二，常需要窮盡一生，歷經冒險及考驗，勇敢走出自己習慣的舒適圈。

與生成論哲學家相對的是本質論哲學家，他們對個體的歷史不以為然，反而強調個體不變的真實性，即基督教所說的「靈魂」、萊布尼茲（Gottfried Wilhelm Leibniz）的「實體」或笛卡兒的「自我」。

這種對立可追溯至哲學誕生之初，也就是蘇格拉底之前的智者們，他們被稱為前蘇格拉底時期哲學家。在古希臘哲學家赫拉克利特和巴門尼德的論述中，這種對立便已存在。一邊是生成論思想家赫拉克利特，他以河流比喻萬物不斷變動：「人不能兩次踏進同一條河流。」另一邊是本質論思想家巴門尼德，他將上帝定義為「永恆不變的一」。在法國的傳統中，巴門尼德戰勝了赫拉克利特。

生成論哲學家（比如尼采或沙特）是少數。包括柏拉圖、笛卡兒、萊布尼茲等在內的大多數哲學家幾乎都是本質論，更看重事物的本質，然而若要思考失敗的助益，這卻成了問題。失敗能幫助我們成為自己，但若要透過失敗瞭解一個人的本質卻沒有好處，正因我們認為失敗代表了「自己是個失敗者」，才會痛苦。

但從另一個觀點看待失敗，則認為**失敗是在向我們提出問題，詢問「我們能夠成為什麼」**。認為失敗可以**幫助人們重新振作、重設定位、重塑自我**，就是站在生成哲學的立場，亦即選擇了赫拉克利特，而非巴門尼德。

暫停，接著找到新方向

失敗還有一個優點，它能使我們「空下來」，促使我們改變路線，就像在人生的十字路口，引導人們最終獲得幸福。**有時失敗的意義在於，它讓我們的生活找到新方向。**這是失敗的另一個助益：它不一定會讓人更聰明、更謙虛或者更強大，但能給人空間從事其他的事情。

・達爾文

如果達爾文沒有在學習醫學和神學時相繼受挫，就永遠不會踏上那趟長途旅行——這趟旅程對於他成為科學家、理解進化機制有決定性的影響。

年輕的達爾文一開始在蘇格蘭習醫，因為他的父親是醫師，希望兒子追隨自己的腳步。達爾文對於外科醫師的粗暴做法反感，又覺得理論課很無聊，他堅持了一陣子隔著窗戶觀察鳥類，然後離開了學校。

隨後，他進入劍橋大學基督學院接受神學教育，準備將來成為英國國教牧師。但他對所學內容不感興趣，寧願騎馬或蒐集甲蟲，也不願聽關於上帝的佈道，於是他再次中斷學業。

接連兩度受挫，達爾文對人體結構或上帝的真理並沒有任何深入瞭解，後來卻踏上一回他可能永遠也不會嘗試的冒險——他決定登上一艘船，出海航行兩年。「小獵犬號」的汽笛聲在泰晤士河畔的港口響起，一切由此拉開序幕。在那趟航行中，他觀察途中遇到的物種，萌生志向。

對於一想到要選擇某一條職業道路便兩腿發軟的高中生來說，他們應該要知道這趟歷程，並且都該讀一讀達爾文所著的《小獵犬號航海記》。

‧J‧K‧羅琳

動筆撰寫《哈利波特》第一集之前，喬安‧羅琳（當時她還不叫J‧K‧羅琳）剛經歷感情和事業的雙重打擊：丈夫棄她而去，她又失去了國際特赦組織的工作，帶著才幾個月大的女兒回到英國愛丁堡，沒有收入。幸虧有妹妹收留，否則她得露宿街頭。

後來她回憶，即使以《哈利波特》大獲成功許久後，她仍有種強烈的生存失敗感。她是跌入谷底之後，才找到一個新開始。

在過去，工作和家庭束縛了羅琳成為作家的夢想，她最多只能在午餐時抽出點時間，然後立刻得回去開會。後來，她改變了對失敗的看法，開始把挫折、失意看成改變人生的機會。但這一切並不容易，由於女兒沒人照顧，羅琳只能利用午休和晚上寫作。在咖啡館，人們經常看到這位滿臉疲憊的年輕母親，一邊守著身旁嬰兒車裡熟睡的女嬰，一邊在筆記本上塗塗寫寫。她經常光顧「大象咖啡屋」，那裡的常客甚至認為她到咖啡廳寫作是因為

家裡沒暖氣。

羅琳離婚前不久，母親因多發性硬化症離世。她筆下的主角是獨立、沒有雙親而遭受磨難的魔法學校學生。書一寫完，羅琳就把最初幾章寄給一位經紀人，但立刻被退回；她又找了另一位，這名經紀人將稿子送到十幾位編輯手上，但是都遭退稿。

最後小說出版了，獲得的驚人成功眾所皆知。對羅琳而言，**一開始以為是痛苦的失敗，實際上卻將她引向一條更合適的路**。過往看似更成功的生活，其實讓她遠離了真正的自我。

・法國的「傳奇歌神」甘斯柏

如果甘斯柏對身為畫家的自己感到滿意，他就永遠不會為天后碧姬・芭杜等人寫歌。他曾經歷一場危機，當時他毀掉自己所有的畫布，放棄了成為畫家的夢想，轉而投身於歌唱事業。

甘斯柏與畫家安德烈・洛特和費爾南・雷捷走得很近，他演奏和創作音樂只為糊口。一開始，甘斯柏對作畫抱有極高的期待，最後放棄了，因為他意識到在五十歲之前，他都不可能靠作畫養活自己。正因這次黯然神傷的放棄，他才能夠全心投入音樂。畫家夢的失落不僅讓他專心投身音樂，很可能也使他更灑脫。

與自己最重視的繪畫相比，歌曲這種「二流藝術」對他來說沒有任何挑戰性。身為抽象藝術時代的年輕具象畫家，他給自己很大的壓力，若不是成為天才，就一文不值。但他身為作曲家和歌手的態度卻相反。甘斯柏創作當時的流行音樂，靈活改變風格，為別人作曲並寫出流行歌，但心裡始終有股失敗感。

這份「放手」使甘斯柏的音樂才華完全展露。他的情況與達爾文和J・K・羅琳不同，失敗確實改變了他的人生路，使他在某種意義上顯得超脫，並且伴隨著苦澀，賦予他的作品一種特殊風格，促使他成功。畫家夢的失意，加倍促成了他身為創作歌手的成功。

德國哲學家海瑞格（Eugen Herrigel）在其大受歡迎的作品《箭藝與禪心》（*Le Zen dans l'art chevaleresque du tir à l'arc*）中寫道，射手只有在完全放鬆時，才能擊中目標，一點點的抽搐就足以使他失敗。「唯有當射手本人都對自己的鬆弛感到驚訝時，射箭才回歸本該有的狀態。」接著又補充：「**你的障礙是你太想到達終點了。**」

甘斯柏就像這樣的「射手」，他的出色是因為態度超然，從成為「新一代梵谷」的執念

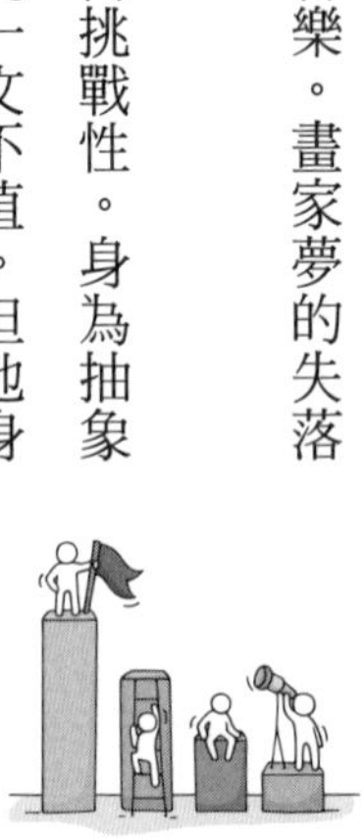

中解脫。一九六五年，甘斯柏為女歌手蓋兒譜寫歌曲，幫助她贏得了歐洲歌唱大賽。

身為畫家的甘斯柏失敗了，有時他聲稱自己受困於這份失敗，但事實上，他解放了自己的人生。

十字路口的警示牌

有些失敗一開始像是絕境，但最後會發現其實只是人生的分岔路口。

面對生命旅途，令人想到沙特在《存在與虛無》（*L'Être et le Néant*）中提出的岩石比喻：「當我想搬動一塊岩石時，阻力巨大；而當我想要攀登上去欣賞風景時，這樣的岩石卻是我寶貴的助益。」他繼續寫道，我們存在於時間之中，可以為行動設定新的目標，因此我們能夠把岩石障礙變成新謀劃的助力。這是在強調精神與表象的力量。

沙特存在主義的中心思想就是謀劃。人存在於世並非坐擁永恆的固定真理，而是不斷地計畫未來。遇上失敗時，我們可以**改變計畫**，讓失敗成為人生十字路口的警示牌。

你聽過「失敗會議」嗎？

二〇〇九年，舊金山召開第一屆以「失敗」為題的大型國際會議，從此「失敗會議」（FailCon。Fail即失敗，Con代表會議，conference）成為矽谷不可或缺的一部分。[3]

這些失敗會議的影片在網路上隨處可見，主旨是讓企業家、運動員分享從失敗中學到的事情。他們在會議中講述失敗如何帶來啟發，喚醒他們，給予滋養及支持，直到引導他們找到迎向成功的想法，**踏上一開始沒有考慮過的那條路**。

這些講者剛從學校畢業、沒有任何經驗，往往與前輩們當年的年齡相仿。但數位經濟帶來巨大改變，新型態的企業家崛起。聽了幾場失敗會議的演講便知，這些改變和隨之誕生的新型態企業家，對於失敗及重塑自我的能力，有著全新的要求和認知。

失敗會議有時令人厭煩，這很正常，因為演講的格式一成不變，當事人的正向心理讓人難以置信，並且最後總有好結局。在此談失敗的人，總是在講自己的過去……儘管如此，在這些會議中，我們聽到了各種故事，以及充滿曲折、分岔和選擇的人生路徑。法國也有這類會議，但並未獲得同樣的成功。

這些講者**定義自我的方式，不是自己是誰，而是自己「做了什麼」**。他們不強調主觀意圖，重視的是**適應能力和重塑人生的概念**，有時甚至讓人以為他們都讀過沙特的作品。沙特在《存在主義即人文主義》（*L'existentialisme est un humanisme*）一書中寫道：「人是其行為的總和。」

從這個觀點出發，法國存在主義者反對德國哲學家康德所說的「意圖」。在康德看來，一個存在物的價值，是根據其意圖的好壞來衡量。

聽了那些企業家自述如何在失落之餘睜開雙眼、展開新計畫，更讓我們明白，沙特的存在主義精神分析在美國獲得的回響，為何遠比法國熱烈。沙特提出一種反佛洛伊德式的奇特精神分析，基本觀點是：讓治療對象衡量過往的影響、反思家族歷史在其潛意識中起的決定性作用，這些方法「毫無用處」。更好的辦法是與治療對象一起探討他的計畫有各種可能性，尋找能為他的「現在」添色的方法。

---

3 編註：台灣亦有主辦單位舉辦「搞砸之夜」、「失敗者年會」等活動，邀請跨領域的來賓分享失敗經驗，提出「創新不是從完美開始，而是從勇敢犯錯開始」、「失敗是成長的加速器」等主張。

利用失敗的機會換跑道

許多企業家曾利用失敗的機會換跑道。法國企業家呂代勒（Jean-Baptiste Rudelle）曾在某次失敗會議中，敘述他的廣告投放平台公司「Critéo」大獲成功的故事。一切始於巴黎的一家餐廳。

呂代勒最初想創建一個推薦電影和部落格文章的系統，但創業失敗，促使他把技術用於完全不同的方向，開始在網路上銷售精準投放的廣告。短短幾年間，Critéo從餐廳的一個角落，成長為華爾街那斯達克的上市公司。

呂代勒的才能在於瞭解了「什麼行不通」，並從中吸取動力，徹底改變想法，對未來另做一番規劃。

同樣地，身為員工的失敗，往往鋪好了創業之路。

本田宗一郎在面試豐田（TOYOTA）汽車的工程師職務未成後，長期失業。在此期間，他萌生自己製造並銷售機車的想法，「本田」（HONDA）這個品牌由此誕生。

開啟各種可能性

存在主義者認為人一生的可能性無窮無盡，重要的是別錯過太多。當我們不把生命視為一種本質或永恆的價值，而是看作不斷開展的計畫，「死亡」便顯得格外荒謬。身為存在主義者，意味著害怕在一條路上的成功會將我們綁死，被這樣的成功帶向生命終點時，卻還不知道自己是誰。與一般觀點相反，存在主義將失敗看作開啟各種可能性的機會，**失敗經驗愈多，生活的歷練也愈多**。

龔固爾獎得主胡方（Jean-Christophe Rufin）的經歷正好說明這個看似矛盾的論點。他絕對是個很好的失敗會議講者，一定會讓那些以為他一路順遂的人大吃一驚。

胡方一開始是住院醫師，後來創立了無國界醫生組織，之後又領導反飢餓行動組織。他當過法國駐外大使，寫的書吸引大批讀者，曾獲頒重要的龔固爾文學獎，也是法蘭西學術院最年輕的院士，著作《一個人的不朽遠行——聖雅各朝聖之路》（*Immortelle Randonnée : Compostelle malgré moi*）獲得相當大的回響。

列舉這些事蹟給人一種他能點石成金的印象。事實並非如此，**每當失意或失望之際，他都會變換航道**。

他明白在現今的醫院體系中，不可能成為自己嚮往的那種醫師，於是轉向人道組織，又早早發現這條路走不通，轉向了政治；因無法在充斥著框架、人情壓力和刻板語言的政界有所發展，又轉而投身寫作。身為作家的他集榮耀於一身，獲得文學獎、當選院士，但他仍覺得有必要走一趟朝聖之路，稍微卸下存在的重量，免得過度自我膨脹，受限在沙特所指的某種本質中，遠離了自己。

絕對沒有錯誤的音符

當樂手害怕出錯時，爵士樂大師邁爾士・戴維斯有時會變得冷酷無情，以低沉的聲音提醒他們：**沒有比「不想犯錯」更糟的錯誤了。**

戴維斯不斷在音樂上創新。他有一句精妙的格言：「當你奏出一個音後，只有下一個音才能告訴你這個音究竟準不準。」

簡單總結存在主義的「失敗的智慧」就是：**絕對沒有錯誤的音符**。爵士樂手能夠自由彈奏出美妙的「不和諧」，將它重新融入整個樂章，融入他所講述的故事，融入音樂節奏中。沙特也喜歡爵士樂。在小說《嘔吐》（*La Nausée*）中，主角羅岡丹只有在音樂引起情感共鳴時，才能短暫地擺脫不適感。

我們的存在就像一首爵士樂。若認為走調的音符絕對存在，就是假裝時間不存在，忘了我們是在生成之河裡航行，不斷變動著，而不是在永恆概念的天空中飛翔。

反映潛意識的失敗，與因禍得福的失敗（精神分析的解讀）

——看似意外的失敗，隱含著真正的渴望

「所有失誤行為中，都有一套成功的表述。」——拉岡（Jacques Lacan，精神分析學家）

「失誤行為」[4]

達爾文到底嚮往什麼？是像父親一樣行醫？還是作為先鋒，掀開科學史上的新頁？學醫未成的他，真的沒達成自己真正的目的嗎？他會不會正是「期待」失敗？

本田宗一郎在面試豐田（TOYOTA）汽車工程師職務時表現平平，回答無趣而乏味，水準一般，卻讓他實現了內心深切的渴望：創立自己的公司「HONDA」。甚至當時他都還沒有意識到這個願望。

隨著時間推移，我們可以從中清楚地看到，他的這個行為充滿佛洛伊德式精神分析的意味，既是失誤，也是成功：從「有意識」的意圖來看，他失誤了；但從「潛意識」的欲望來說，他成功了。

佛洛伊德的意思是，**「失誤行為」是表達出來的潛意識**。口誤就是一種語言上的失誤行為，意味著我們沒有表達出自己想說的，但潛意識卻成功地表現出來。

按照同樣的邏輯，可以像揣測言語一樣，猜想行為背後隱祕欲望的力量。在失誤行為的背後，其實是「有效的」潛意識策略。

4「失誤行為」（acte manqué）是佛洛伊德精神分析用語，德語原文為Fehlleistung。這是一個寬泛的概念，不僅涵蓋了在嚴格意義下所謂的行為，還包括了話語和精神運作中各種類型的錯誤，如遺忘、筆誤、口誤、誤讀等。

・自我不是自己家的主人

要理解失敗如何能表達出潛意識的欲望，就要回到佛洛伊德身上。他革新了對人類主體的理解，將人的精神分為三大部分：「自我」、「本我」和「超我」。佛洛伊德將其命名為「拓撲結構」（topiques）。

佛洛伊德說：「自我不是自己家的主人。」有意識的「自我」主權，實際上受到「上」和「下」的雙重威脅：下方威脅來自「本我」的潛意識精神能量，這種能量的衝動從童年起就被壓抑，總想著要捲土重來；上方威脅來自「超我」專橫的命令，這是自我的社會和道德理想，主要也是潛意識的。

因此，潛意識是一股活躍的動態能量，總想發揮出來，並利用失誤行為來實現目的。這股能量既可能來自「本我」，也可能來自「超我」。

失誤行為可以表達被壓抑的攻擊性，也可以表現我們內心未知的遠大抱負。

一個人不小心「失手」打了妻子的臉，若這是失誤行為，便滿足了他的「本我」，他

在潛意識中想要傷害妻子。但如果這人因為渴望更好的工作而沒通過面試，他表現出來的是「超我」。在這兩種情況下，失敗與成功同時存在。佛洛伊德說，「潛意識的享受」和「有意識的不愉快」是同時發生的。

我們經常因重複做一件事而心生怨言，**一直在做自己不喜歡的事情，並驚訝竟改變不了這種情況。**不過，**儘管我們有意識地感到不悅，潛意識卻享受著。**

失誤行為就屬於這種邏輯。精神分析學家拉岡總結道：「所有失誤行為中，都有一套成功的表述。」這種成功的表述，指的是潛意識的話語需要被解釋、破譯。

・偉大小說的誕生

作家米歇爾・圖尼埃（Michel Tournier）屢次沒通過哲學高等教學資格考。因一再失敗而受創的他，後來卻寫出《禮拜五》（*Vendredi ou la vie sauvage*）、《楦木王》（又譯《左手的記憶》，*Le Roi des Aulnes*）等經典作品，成為法國二十世紀最傑出的小說家之一。一九七〇年，《楦木王》獲評審一致通過，贏得龔固爾文學獎。

我們可以簡單地認為，哲學上的失敗給了他重新定位的機會，造就他成為成功的小說家，若他通過考試而成為研究人員，就不會有創作《榿木王》的時間和欲望。

但也可以假設他真正的願望是當個受歡迎的小說家，而不是成為學者，他在哲學領域的反覆失敗都是「失誤行為」。

・失敗反映了隱藏的意圖，要求我們「睜開眼睛」

為了幫助我們克服失敗，心理學家建議做這樣的練習：**不要把失敗當作意外，而是將它看成一項被隱藏起來的意圖。**這項練習正是受失誤行為的概念啟發。透過練習往往能產生驚人的結果，使情況翻開嶄新的一頁。

當然，我們可能難以接受揭露的結果，但這正是潛意識的特點：我們「不想」知道自己有這樣的想法，不想看到「本我」。

如果失敗是失誤行為，就是在要求我們「睜開眼睛」。若再一次失敗，也許就是防止我們又閉上眼睛。

・若對自己不誠實，看似成功了，其實是失敗

精神分析告訴我們「失敗，同時也是成功」，但另外有一種相反的情況：若我們對自己不誠實，那麼有些成功就會是失敗，我們總有一天將付出代價。背叛自己會導致憂鬱，這是另一種可看成失誤行為的失敗。

皮耶．雷伊（Pierre Rey）是報紙編輯，曾擔任《美麗佳人》雜誌主任，也是暢銷作家。然而在財富和成功之巔，他卻陷入嚴重憂鬱狀態，無法工作、無法談感情、無法承擔責任，很快便發展到無法入睡，甚至無法進食。

他擁有想要的一切，美人和好友相伴，住豪華飯店——為什麼他會憂鬱呢？他開始接受拉岡的長期精神分析，並記錄在《與拉岡共度的一季》（*Une saison chez Lacan*）一書中。

隨著治療進行，他意識到**那些成功實際上剝離了他內心最深切的願望**，就是「真正寫一本書」。不是為了熱賣而拼湊的休閒小說，而是一本真正的著作，有文體、風格與寫作目的，不僅有趣，而且能幫助讀者好好生活，為人類的智慧帶來助益，無論幫助有多小。

在媒體、書市甚至賭場輕易獲得的成功，讓他偏離了軌道。因此，憂鬱感有一種作用：展現未受他正視的夢想，逼他「停止成功」，甚至讓他整個人都停下來，以求找到自己渴望的路。雷伊沮喪過度，無法工作，虛無的存在感糾纏著他……幾個月過去，他終於愈來愈接近自己內心的追求。過去他沉浸於成功，忽視了這點。

令人感動的是，這本書證明了雷伊再次成為真實的自己。這確實是一本優秀的作品，對精神分析、欲望與野心、生存之艱難有深刻反思。這是他的傳世之書，而他過去的「暢銷書」已乏人問津。

雷伊經歷失敗並遭受憂鬱折磨，才找到通往夢想的路——先背叛夢想，才能更接近它。雷伊生活上的失敗是一種失誤行為，而他內心深處的憧憬藉此表達了出來。

・想要的太多，卻不清楚真正要什麼

透過思考失誤行為和憂鬱情緒，會發現盎格魯—撒克遜人過度強調一種觀點，認為僅靠「毅力」這種純粹的意志力就能克服失敗。但他們忘記了失敗的第一個助益，是提醒我們的力量有限。相信「只要你想，就有可能」是愚蠢的，也是對這個複雜現實的一種侮辱。

甚至有時候，我們會失敗正是因為「想要的」太多，對於「真正渴望什麼」卻想得不夠——於是憂鬱感出現了，顯示意志失控，什麼都想要，不管主體真正渴望著什麼，而憂鬱迫使主體停止「想要」，才能重新聽見內心渴望的呼喚。

要在生活中**取得成功，並不代表不惜代價地追求一切，而是要「忠於自己」**。失敗可說是一種失誤行為，促使我們更忠於自己。

因禍得福的失敗

在商業領域，有不少產品在成為具代表性的創新之前，卻被當作是徹底的失敗作，這也顯示失敗就是成功。這些「因禍得福」（也就是失誤行為）的失敗作，也說明了為何「失敗同時也是成功」。

・失誤的蘋果派

最著名的例子是反轉蘋果塔。法國的塔丁姊妹經營一家餐館。有天，姊妹的其中一人烤蘋果派，突然想到自己忘記放入麵團，只在模具裡放了蘋果和糖便開始烘焙。但眼看已經到了上甜點的時候，她萌生這個想法：打開烤箱，把麵團放在蘋果上面，又烤了幾分鐘。結果客人都十分喜歡這種鬆脆可口的焦糖派。原本要做的甜點失敗了，她卻發明了「反轉蘋果塔」——一個失誤的蘋果派。

・意外發明的藍色小藥丸

「威而鋼」的發明也是一樣。輝瑞實驗室的研究員希望利用一種化學成分「西地那非」（Sildenafil）治療心絞痛，但沒有達到目的。這個成分雖然未能達到預期的效果，卻產生了一種副作用：強烈的勃起。他們沒能治好肺動脈高壓，但找到了治療陽痿的方法，而這正是數個世紀以來，男性一直在尋求的靈藥妙方。

・救命的心臟節律器

「心臟節律器」的例子鮮為人知，但同樣能說明這點。最初，紐約州立大學水牛城分校有位工程師想製造一種設備，記錄心臟的跳動。他把手伸進存放電子零件的工具箱裡，想找一個電阻，但拿錯了，這個設備無法記錄心跳，卻能發出電脈衝。於是他想瞭解這些電脈衝是否會對心臟產生連鎖反應——心臟節律器由此誕生，五年後便商品化上市。這個失誤的記錄器挽救了眾多生命。

・跟喬治・克隆尼喝膠囊咖啡

我們生活在各種物品中，不知不覺用到的東西可能就是失敗的產物。膠囊咖啡機深入許多家庭，徹底改變了喝咖啡的方式，這是一項全球性的成功，喬治・克隆尼的廣告更是深入人心。在廣告中，他以手指夾著一個小杯子問：「What Else？」（還有什麼？）

然而，雀巢公司一開始是想把這些自動咖啡機賣給餐廳，方便餐廳提供優質的濃縮咖啡，卻沒成功。於是他們有了新想法，轉而瞄準上班族市場，卻再度受挫，甚至比第一次的規模更大、代價更高。

雀巢公司幾乎要放棄膠囊咖啡機了，但還是給了這款產品最後的機會，把咖啡機推向家庭消費者。兩次錯過目標受眾之後，膠囊咖啡機終於找到了自己的定位。

由失敗催生的成功例子還有很多，比如：香檳一開始只是酒窖裡的意外產物，一種失敗的葡萄酒，太甜也太酸；「法奇那（Orangina）柳橙氣泡果汁」來自製造商未能除盡的果肉；還有薑餅、魔鬼氈、便利貼……許多失誤行為也都是很好的發現。

・接受迎面而來的一切

法語「意外發現」的概念，指的是找到我們「沒有」在尋找的東西。哥倫布沒想要發現美洲，他渴望的是開闢一條通往印度或中國的新航路。他想尋找一條比馬可・波羅所走更短的路，一條捷徑，結果差了一萬公里。這是一個「高明的錯誤」，他因此來到聖薩爾瓦多島——加勒比海與美洲大陸的家門口。美洲就像反轉蘋果塔和心臟節律器一樣，是在偶然間發現的。

一個病人半躺在沙發上做心理分析，突然理解自己的某個「失誤行為」、「口誤」或夢境的意義時，也是出於偶然——他並非刻意尋找，而是隨口說出，各種念頭自由地串連起來。若他急著想瞭解這一切，反而無法做到這樣。

無論如何，意外發現只在放鬆時才有可能出現，而唯有「放手」的那一刻，才做得到不刻意強求，哪怕只是短暫的一剎那。這點適用於躺在沙發上的病人，也適用於塔丁姊妹和心臟節律器的發明者。

只需要接受迎面而來的一切，那麼挫折就是有意義的。我們完全不需要強求，否則反而可能無法體會失敗的美妙。

只不過，對於深受西方「唯意志論」影響，認為意志凌駕一切的我們來說，要接受這種看法並不容易。

失敗了，不表示就是失敗者（為什麼失敗那麼令人難受？）

——「過度認同成功」與「過度認同失敗」一樣危險

「人之所以偉大，乃在於他是橋梁而不是目的。」[5]

——尼采（Friedrich Nietzsche，德國哲學家）

小心「過度認同」的影響

失敗的痛苦，有時讓人感到自己一文不值。我們生活在「犯錯文化」太不發達的國家，往往**將「我失敗了」和「我是失敗者」混為一談，把計畫失敗視為自己的失敗**。

這是因為我們沒有從生命歷程的角度思考，**人生是從過去至未來的延續，而失敗只是其**

中的一段過程。我們反而把失敗看得太過絕對，當成自身的本質，彷彿它定義了我們是什麼樣的人。也就是說，我們還不是及格的存在主義者。

若以爵士樂大師邁爾士．戴維斯的比喻來說，就像是把音樂停在「錯誤的音符」上循環播放，沒給它機會找到正確位置，讓樂聲迴盪在整首歌中，彷彿在最糟糕的時刻讓時間靜止了。

佛洛伊德警示道，要小心「過度認同」的影響，不管認同的對象是母親或父親，是權威，還是個人的失敗。

長久地過度認同父親或母親，毋寧是逃避成長，使心理狀態停滯、退行。一個孩子建立自我的過程，就是經常改變自己認同的形象，透過這種「遊戲」學會說「我」，意識到自己的獨特性。

5 出自《查拉圖斯特拉如是說》第一部：〈查拉圖斯特拉的前言〉篇，錢春琦譯。

若認同像史達林或希特勒這樣的極權主義領導人，就是堅持他們的思維或妄念，放棄批判，直接成為權威的幫凶。

認同自己的失敗則是貶低自我，讓自己屈服於羞恥感和屈辱感。

所有的「過度認同」都會致命，都是一種偏執。然而，生命是變動的。顯然我們只關注失敗，卻忘了哲人赫拉克利特的真理之言：「人不能兩次踏進同一條河流。」

為了感到好受些，不妨重新定義失敗：這並非個人的失敗，而是計畫與環境之間的一次「錯失」。當然，你必須找出其中的原因：也許是走在時代的前端，就像賈伯斯推出第一台麥金塔電腦時一樣；也可能是計畫有缺陷。

失敗確實是「我們的」，卻不是「自我」的失敗。
我們可以、而且必須接受它，但不必認同它。

失敗開啟了接近自我的路

要定義什麼是「自我」的核心並不容易。在失敗的混亂中，有時讓人連自己是誰都搞不清楚了。失敗會傷人，因為它打破了一個人的身分外殼，破壞其社會形象，否定了自我認知，讓我們認不出自己。就像曾經創下漂亮業績的企業執行長宣布公司破產，或是一向票房領先的導演，最新作品卻一週內就下片，因而頓失依歸。

但這反而可能是個好消息。**有時唯有經歷失敗，才使人認清社會身分的侷限有多大，束縛了我們，使我們遠離了更深層、更複雜的自我。**

因此為了克服失敗，必須重新對「自我」下定義：這個「自我」，不再是固定不變的核心，而是具有多元的主體性，始終在變動。

尼采在《查拉圖斯特拉如是說》中寫道：「人之所以偉大，乃在於他是橋梁而不是目的。」所謂存在，就是如橋梁般延展，朝著未來、他人及未知的自我，也朝向我們尚未走過，但可以透過失敗開啟的路而去。一旦忘卻這個真理，我們將因失敗而受苦更多。

當犯錯被視為罪過

失敗之所以深深傷人，是因為在西方傳統中，主要的哲學家皆認為這是一種「罪過」。

笛卡兒和康德都沒有以失敗為主題的著作，但他們筆下提及了「失誤成因」與「犯錯的原因」。

笛卡兒認為人擁有兩種相互不對齊的重要能力，就是「有限的理智」和「無限的意志」。雖然理智很容易觸及極限，但他斷言意志不受限。

他著有《談談方法》（*Discours de la methode*）一書。就信仰而言，他認為人類正是依靠意志力才得以與上帝相似。每當我們想要、並相信自己已達極限時，就會發現還可以繼續上行。

對於笛卡兒來說，意志的無限性是人內在神性的象徵，他尤其推崇「只要你想，就有可能」的概念。由此看來，人就像用長短不一的兩條腿行走，一條短（理智）、一條很長（意志），你得承認如此行走並不容易。

根據笛卡兒的說法，犯錯就是意志逾越了理智的界限。例如一個人在晚宴上豪飲後，不管他說了什麼，都超出自己所知道的範圍，他犯了錯，因為他沒有正確地運用意志。正是這份意志將我們定義為上帝的子女，犯錯是辜負了祂的恩典。

笛卡兒寫下了這句話：「我們知道，錯誤取決於我們的意志。」這實在太讓人有罪惡感了。

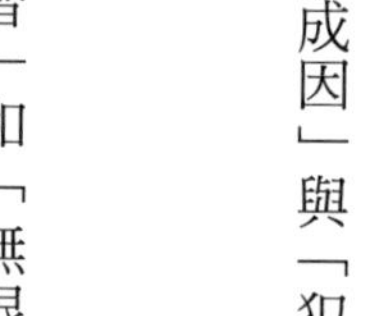

康德認為人如果不聽從理性，行為將失序。他堅稱這種能力足以區分善惡。

康德反對盧梭將道德奠基於人的內心與感性，他在人的理性中，看見了道德的源起。道德要求並不複雜，可總結為：「始終以這種方式行事，即你的行為準則可以成為普遍法則。」

換句話說，如果想知道某項意圖是好或壞，只需要問：若所有人都採用同一套行為標準，人類會變成什麼樣子？例如，假如遵循「永遠與報復的天性拉鋸」，那人們可以共同生活嗎？答案是可以的，而且我們能活得很好，因此這項行為準則符合道德。誰都可以理解這個邏輯，即未能遵循道德行事時，我們得擔起全責。

根據笛卡兒的說法，犯錯是誤用了意志，而康德說犯錯是因為人的理性有弱點。無論哪種觀點都令人內疚，因為每次犯錯都是我們的首要能力——身為人的本質受挫了，因此，錯誤或過失顯得不可原諒，在笛卡兒和康德看來，就是身為人的失敗。

其實早在西元前六世紀，道家的老子就說過：「失敗為成功之母。」但我們遠未領會其智慧。

敢作敢為，就是不怕失敗

——如果不敢失敗，你只能失敗地活下去

「創造你的運氣，把握你的幸福，去冒險吧。」——勒內・夏爾（René Char，法國詩人）

「破框思考」的必要

所有傑出的成就都源自於冒險，也就是「甘心接受失敗的可能性」。敢作敢為，首先就是要不怕失敗。

戴高樂冒著失敗的風險前往倫敦；法國企業家澤維爾・尼爾[6]甘冒失去一切的可能，將電話、網路和電視的功能進行整合；藝術家若想嘗試創新，得有「萬一不成功」的心理準備。這些都是他們的行動之美。

一個人可以什麼也不敢嘗試地度過一生，只做「合理的」選擇，總是按表操課。但這麼做的代價呢？就是與成功擦身而過，也無法真正瞭解自己。

即使大膽行動未能成功，也證明自己有冒險意識，能夠做出真正的「決定」，而不僅僅是合乎邏輯的「選擇」。

・「決定」與「選擇」不同

「決定」和「選擇」似乎是同一個意思，但其實並非如此。我們必須瞭解兩者的不同，才能明白大膽行動的祕訣。

6 澤維爾・尼爾（Xavier Niel），法國企業家、億萬富翁，法國三大行動網路業者之一「Free」的創始人。他在法國首創「數據機」的概念，用一個類似電視盒子的裝置，同時提供電視、電話和網路接入服務。

試想，一個人在「選項A」和「選項B」之間猶豫不決。若經過理性思考，認為B比較好而選了B，這是有根據並解釋得通的「選擇」，也就沒有什麼需要做決定的。如果經過深思熟慮仍無法確定，儘管缺乏證據，仍然覺得應該選B，那麼這就是一個「決定」，跳過理性的論證，相信直覺。

正因資訊不足，才必須做出「決定」。這個詞來自拉丁語「decisio」，意思是當機立斷的行動。**決定總是大膽的，其中包含了失敗的可能性。**

二戰時，為了拯救陷入危機的法國而參加抵抗運動，這是決定，並非選擇。美國企業家馬斯克押注所有汽車將在五十年內實現電動化，創立了特斯拉汽車公司，這也是決定，不是選擇。網球比賽中打出的穿越球也是一個「決定」。

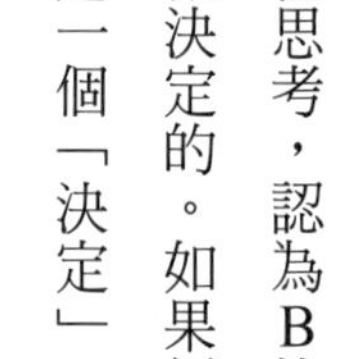

・做決定，是一種直覺

亞里斯多德認為，與其說決定是一種科學，不如說是一門藝術，它不是分析、推理，而是一種「直覺」。

但這並不表示決定是非理性的，它可以基於學識，但不限於此。亞里斯多德以「醫師」

和「船長」為例來說明這點。平常兩者都是稱職的，但遇上緊急狀況時，比如病人有生命危險、船隻遇上暴風雨，沒有充分的時間進行評估，在充滿不確定性的情況下，他們必須有勇氣當機立斷，做出「決定」。

柏拉圖根據理性選擇的模式認為「決策是科學」，按照他的說法，理想國由一位哲人王統治，以高超的學識治理國家。若決策只是用來彌補知識的侷限，那麼哲人王永遠不用做出決策，他的政治選擇只是基於科學邏輯演繹而來。

相反地，亞里斯多德反對老師柏拉圖的觀點，提出「決策是藝術」。亞里斯多德認為一個大人物必須**敢依「直覺」行動，敢做決定，超越自己學識的極限**。有了這樣的判斷力，他將成為政治藝術家，而不僅僅是一位博學的國王。

在法國，人們似乎太遵循柏拉圖主義，例如政治研究中心被稱為「Sciences Po」[7]（政

7 編註：Sciences Po，直譯是「政治科學院」，一般稱其為高等政治學院。

治科學院），而非「政治藝術院」。從政治科學院到培育菁英人才的國家行政學院（ENA），主流觀念皆把政治和行政當作一門科學，培養了技術專家，而非決策者。

這些菁英將進入大型企業高層，必須做重大決策，卻只受過純技術面的培訓。儘管他們長期接受多元教育，但往往連一堂關於「決策」的課程也沒上過，包括決策的性質和複雜性，與經驗、直覺和風險之間的關聯等。如此一來，我們如何培養以人文視角看待失敗的能力？

勇敢的人，是有風險意識的人

理解「決定」和「選擇」之間的區別，更有助於處理因風險而生的焦慮。做決定時會感到焦慮是正常的，不僅如此，這顯示我們對世界有某種影響力。

「焦慮是對自由的意識。」沙特在《存在與虛無》中解釋道。一個人完全無法行動時，會感到絕望，而不是焦慮。當我們必須做出艱難的決定、並承擔結果時，會陷入焦慮，但事實上，我們是害怕自由。

我們存在的最大挑戰，就是不被這種焦慮嚇倒。有多少抱負和志業成了遺憾，只因我們在準備放膽行動的那一刻，卻被對失敗的恐懼打趴？若將生活視為一連串的理性選擇，只會因為害怕失敗而動彈不得。不過，一旦我們意識到身為決策者的生活，充滿了長久累積的錯誤、幻滅的希望與錯過的機會，失敗將會變得可以忍受。

勇敢無法幫助我們擺脫恐懼，但它能帶來力量，驅使我們不顧一切地行動。勇敢的人並非魯莽、頭腦發熱或無所畏懼，也不是要透過冒險來體驗生活。勇敢的人**瞭解恐懼，但是把恐懼當成驅動力**，他會盡可能地降低風險，同時也知道如何承擔必要的風險，胸有成竹地「碰碰運氣」。

頭腦發熱的人喜歡冒險。勇者則是有「風險意識」的人。

人生最大的風險是「不去嘗試」

尼采認為，真正活過的人生需要這種風險感。這便是「成為你所是」的意思，查拉圖斯特拉想用這句話讓人們從墨守成規的麻木中解脫。

成為你所是，意味著勇敢做自己，在重視規則的社會中，展現自己的獨特性。

你會感到害怕是很自然的。這個社會為了運作，會要求人們遵從各種規則。在《文明及其不滿》（*Malaise dans la civilisation*）這本引起轟動的小書中，佛洛伊德只說明一個意思：對社會有益，並非對個人有益。個體壓抑著不適合社會生活的獨創性，這是對社會有益；對個人有益的則是展現出這種獨特性。這就是《文明及其不滿》中，「不滿」的來源，而且這種不滿永遠無法根除。

這正是為什麼「做自己」大不易，也說明了當我們鼓起勇氣時，所感受到的那份恐懼。但尼采說，我們可以駕馭這種恐懼。「成為你所是」，沒有人能代替你做到這一點。你至少要嘗試一下，因為即使失敗了，你也是成功的——你會以一種不像自己的方式失敗。

人生最大的風險是「不去嘗試」。
最大的遺憾則是直到生命的最後一刻，你還不知道自己是誰。

缺乏存在感的人生

在企業演講時，我經常遇見這樣的高階主管：商科或工科背景，成績不錯，畢業後進入一家大公司工作了十多年，年屆不惑，人生平順，沒有真正冒過什麼險，更沒有犯過重大錯誤，身居高位，收入不錯……但總感覺有點失落，覺得自己缺乏存在感。他們常說：別人按照他們的樣子也能做到這些。

對這些高階主管來說，尼采的話猶如一記重擊。日常生活並沒有讓他們「做自己」的機會。

在這些討論中，我最常聽到「流程」這個詞，遠多於「管理」、「人力資源」或「主動性」。每當涉及公眾議題，尤其是當我稱讚風險感或創造力時，每個人都把「流程」一詞掛在嘴邊。

這些高階主管對無法做自己感到失望。「流程」勝出，但他們似乎成了附帶的受害者。

一開始執行任務時，將流程合理化是必要的。但如今，我觀察到流程的作用起了變化，原本只是一種手段，現在卻變成目的。進行年度考核時，用來評估管理人員的標準，除了績效目標，還有他們是如何達標的，亦即是否遵守程序。

在流程至上的時代，創造力成了不光彩的缺陷，失敗則是無能的證明。當然也有例外，不過在法國的跨國公司內部，「減少主動性，進而降低風險」才是大勢所趨。

聽著這些高階主管坦承自己多麼沮喪、抱怨他們感到多麼沒有價值，悲傷不已，可以想見缺少冒險的生命是如何慢慢凋零的。

有些人接受自己的處境，以此為求生存的手段，轉赴其他地方尋找感受活力的機會。有人則鼓足勇氣換跑道，還有人成為企業家，重獲新生。

也有人最終被憂鬱感征服，卻急忙把這種感覺改名為「倦怠」。這些人不像一般所說的因過度工作崩潰，而是工作讓他們與自己、擁有的才華和表達自我的可能性脫節了。如果一個人對工作感到滿足，會更努力去做，而不會感到倦怠。

付諸行動需要付出代價，然而，「不行動」的代價更大。這些憂鬱的管理者都證明了這點，他們一路循規蹈矩，卻慢慢地因不敢冒險而失去生命力。

正如佛洛伊德所寫的：「再也無法在人生遊戲中用最高的賭注冒險，從那一刻起，生活變得困頓，喪失了一切意義。」

如果不敢失敗，你只能失敗地活下去，這才是對人生真正的威脅。

運氣只向大膽的人微笑

詩人勒內．夏爾寫道：「創造你的運氣，把握你的幸福，去冒險吧。」這段話中的

「你」，與查拉圖斯特拉的格言「成為你所是」相同。

這是「你」的聲音，不被「大家都這麼做」的大眾標準和流程掩蓋。也是願意試試運氣、甚至創造運氣，甘冒失敗風險做自己的「你」。

英國企業家理查·布蘭森（Richard Branson）的人生歷練不像其他大老闆那樣平凡無奇。他是第一個搭乘熱氣球飛越大西洋的人，並以六十一歲的最高齡玩風箏衝浪，橫越英吉利海峽。布蘭森創辦的「維珍集團」（Virgin Group）業務領域之廣，從航空公司、鐵路運輸、行銷通路到行動電話都有，甚至還有太空旅行。他因勇敢而備受讚譽，因為他創立的維珍航空打破了英國航空的壟斷。

就像所有勇敢的人，他也失敗過許多次。

布蘭森深信除了百事可樂和可口可樂，可樂的市場仍有空間，於是在一九九四年高調推出維珍可樂，最後卻黯然下市。當網路興起時，他有個開創性的想法，要建立一個彩妝品牌，同時透過網路商店、實體店面與大型私人活動銷售，結果損失慘重。他想與蘋果公司競爭，在第一台iPod上市三年後，推出「Virgin Pulse」，但這款產品看起來不像MP3播放器，倒更像馬表，這簡直是一起商業災難。

布蘭森的失敗清單不只這些，但他什麼都敢，不怕失敗。

他創業的冒險便是從失敗開始的。二十一歲創辦第一家唱片公司不久，他被判稅務詐欺，甚至在監獄待了一晚，為了支付巨額罰款，母親被迫抵押房產。這次失敗經驗迫使他學習如何管理企業，並且為還債而加速發展唱片公司。他簽下搖滾天王菲爾·柯林斯等多位八〇年代最耀眼的巨星。

聽布蘭森談論自己的失敗經驗，對我們很有啟發。

談到維珍可樂，他笑著承認對手比自己強大。關於Virgin Pulse，他說從看到這款產品的那一刻起，他就明白自己不是賈伯斯。他仍帶著微笑，給人的印象是他並不排斥失敗，那甚至比成功更激發他新的勇氣。

他說：「**大膽的人活不長，但其他人根本沒活過。**」

布蘭森的經歷印證了一句法國諺語：「運氣只向大膽的人微笑。」這份好運是因為他們勇敢挑戰自我，喚醒了自身的才華。

行動的祕訣是「開始」

身為億萬富翁的法國企業家澤維爾．尼爾（Xavier Niel），在許多方面可說是「法國的布蘭森」。兩人有很多共同點：沒有文憑，不到十八歲便第一次冒險創業，很快地入獄又出獄，在行動電話業界取得突破……同樣都展現開拓者的勇氣，具有大師般行為風範。

尼爾在年輕時，推出一種「Minitel」線上服務，用戶可以透過電話號碼找到戶主的姓名。這個方法展現他與眾不同的思維邏輯，他以一種粗暴但合法的方式，利用電信系統的漏洞獲取數據。

當時透過電話線上網，前三分鐘免費，尼爾以數百台迷你電話終端機同時運作來獲取所有號碼，但其他電信商並不看好。

一九九九年，尼爾推出第一家免費網路服務公司「Free」，大獲成功。但他並未就此滿足，心中有了「三網融合」的想法，後來促成數據機「Freebox」誕生。

這項產品源自於他前往美國尋找可能性，深信矽谷的發明家已經想到了這一點，然而出乎意料，美國仍毫無動靜。尼爾和同事對自己喊話：既然世上還沒有，那我們就發明一個！數個月後，數據機「Freebox」問世，月租費二十九．九九歐元。這是一項革命性發明，用戶如潮湧向這款新產品，競爭對手紛紛急著仿傚。

二〇一二年，Free公司推出行動電話業務，運用強大的銷售策略，推出極便宜的優惠價，無限流量只要十九．九九歐元，另一種方案僅售兩歐元。第一天就有一百萬人成為用戶，如今已增加為六百萬用戶。

每一次，尼爾都大膽行動，一看便知那是他會做的決定。前面提到的幾個例子中，若他理性地分析情況，等到確定可行才做，那麼他就不會有行動。從邏輯上來說，尼爾就像布蘭森及所有真正的決策者一樣，也失敗了許多次，包括許多不成功的網路服務業務。

這位出身貧寒的科技怪傑似乎明白是什麼在推動著我們行動。正如哲學家阿蘭（Alain）所下的幽默註解：「行動的祕訣是開始。」

一場成功的失敗

總的來說，就是要進行「成功的失敗」。

這不是為了學到什麼教訓，只是為了證明我們能擺脫按表操課的機械化束縛，發現生活原來可以更多姿多彩。

真正的失敗是不知失敗為何物，這表示你從不敢付諸行動。

只有行動，才能釋放恐懼

——跨出你的舒適圈，並且「多走一步」

「千里之行，始於足下。」——老子

戰略家的計畫，原始人的行動

一名運動員敢使出絕技，是因為他有扎實的基本功。為了脫穎而出，他必須練習再練習。

瑞典「足球大帝」伊布拉希莫維奇以非比尋常的射門方式著稱，他既像在踢球，又像是練武術或者在街頭打架。

我曾有幸觀看一場他們球隊的比賽。這場比賽因「伊布式射門」成了經典，他不是用腳背內側，而是以腳背外側從背後觸球，將球鉤射入網，動作之細膩前所未見，簡直像是慢動作。見證這次射門的觀眾皆認為這是前所未有，幾近瘋狂的大膽。

然而，伊布的大膽要歸功於他的長期訓練，與兒時高強度的跆拳道練習。當他憑直覺知道要以這種方式出球的那瞬間，多年所學皆凝聚到這個動作之中。

「像原始人般行動，像戰略家般計畫。」詩人勒內・夏爾寫道，回顧伊布的進球妙技時，我們必須牢記這句妙言。

伊布在訓練、觀察場上狀況、預測球的走向時，「像戰略家般計畫」。但在比賽時，當著成千上萬觀眾大膽使出絕技那一刻，他什麼都沒想，「像原始人般行動」，未多加思索便成就醞釀已久的行動。

這是勇敢的首要條件：**累積經驗，強化才能，穩固好自己的舒適圈，然後放膽走出來，並且「多走一步」。**

歷練有限的人往往抱著僅有的經驗，不敢多嘗試；真正有豐富經驗的人反而難以完整地述說一切，因為他們往往是聽從直覺行動。所謂「勇敢」是一種結果，一種征服：**我們不是天生勇敢，而是變得「勇敢起來」**。

實際上，真正的經驗總是出於我們的切身體驗，而這份體驗決定了我們如何承擔風險。比如做決策時，瞭解自我的企業家會傾聽自己的感覺和情感：過去當順利解決問題時，我也有同樣的感受嗎？每當知道要抓住機會時，我也同樣有這種唾手可得的感覺灌注全身嗎？

前一篇提到的企業家尼爾兒時沉默寡言，學業成績普普，並不勇敢，也沒什麼事物讓他真的感興趣。十五歲那年，他收到人生第一台電腦當聖誕禮物，從此一切改變了，他痴迷於資訊科技，找到自己的立足點，培養出技能而變得勇敢起來。

我們必須先具備足夠的能力，才能超越自我，發現自己的勇氣。

把握你的幸福，去冒險吧

義大利男星范杜拉（Lino Ventura）有一句著名的台詞：「蠢貨什麼都敢，所以我們才能認出他們。」什麼都敢的人，是出於無知或所知淺薄，缺乏經驗，缺少技能。

但這是真的勇敢嗎？我想不是，因為這樣的人無法衡量自己將要承受多大的風險。學會敢作敢為，就是明白**並非對任何事都要勇敢，只有不得不被迫邁出步伐，做出超乎自己認知的行動時，才放膽去做**。

透過詩人夏爾的優美詩句：「創造你的運氣，把握你的幸福，去冒險吧」，我們可以聽出另一層涵義：

- 「把握你的幸福」：享受你在做的事情，待在舒適圈裡，只要條件允許就不用離開。
- 「去冒險吧」：必要時，要有勇氣走出舒適圈冒險。

唯有真正有所掌握，才能優雅地放手。每當你感到缺少勇氣時，不妨想想這一點。

對他人的欣賞，也能帶來啟發

欣賞他人的勇氣，也有助於學會如何敢作敢為，因為別人的勇氣使我們安心，證明我們可以做自己。畢卡索從畫家維拉斯奎茲和塞尚身上，歌手芭芭拉在琵雅芙身上，都找到了這樣的勇氣。

芭芭拉正是因為沒有模仿琵雅芙，才能成為香頌天后。琵雅芙演唱名曲〈玫瑰人生〉（La Vie en rose），大膽運用女性化的表演方式營造悲愴感，但芭芭拉走出了自我風格。芭芭拉對琵雅芙的欣賞是出於最崇高的動機，她以琵雅芙為榜樣而有了翅膀高飛。琵雅芙的獨特，使芭芭拉意識到她也能好好做自己。

維拉斯奎茲和畢卡索是同鄉，畢卡索特別欣賞他的作品中，對於人物目光的運用及「畫中畫」的表現手法，比如〈侍女圖〉（Les Menines），魔術般的精湛技藝將畫作變成一道道謎題。這些魔術效果成為畢卡索作品的關鍵。他模仿〈侍女圖〉創作了五十八幅作品，並在最後一幅畫面中央的鏡子裡，以自己代替了維拉斯奎茲。

卓越的勇者，也是卓越的崇拜者，由於欽佩他人的獨特，因此不會去複製他人的行為。令他們著迷的正是因為「不可模仿，卻能帶來啟發」這一點。這種典範之美不應該輕易地模仿。

美國小說家馬克・吐溫在《頑童歷險記》中寫道：「遠離阻礙你實現抱負的人，這是小

人才有的習慣。真正偉大的人會讓你意識到，你也可以變得偉大。」

傑出的人無須多言就能讓我們明白：我們只需要「做自己」。這樣的示範勝過千言萬語。

一個人缺乏勇氣，或許是因為缺少欣賞他人的能力。若沒有榜樣帶來啟發，經驗與能力反而可能會扼殺一個人的獨特性。**這份欣賞能成為觸發點，引領我們大膽地運用自身的能力。**

從這個角度來看，平庸的人出現在名流雜誌上，而雜誌竟大賣特賣，這對於社會來說是危險的徵兆。這是實境秀的產物，一個時代出現這麼多既無才華又沒魅力的人，是歷史上前所未有的情況，後果如何還無法衡量。若缺少崇拜的對象，威脅到的其實是我們自己的勇氣和創造力。

不要躲在完美主義的背後

要想成功地放手去做，我們也不能過度追求完美。

一提到要在眾人面前說話、彈鋼琴或者背詩，許多孩子便不知所措，寧願什麼都不做，也不願意表現得不完美。

明明是害怕行動，卻自我說服是還沒準備好。這是因為過度追求完美。

我們應該告訴孩子們：**行動，而且唯有行動，才能釋放恐懼**。

作家保羅．瓦勒里（Paul Valéry）曾表示：「為了行動，必須忽略多少事情。」「忽略」在此是指「不知道」、「不加考慮」，這句話有雙重涵義，表示不知道前方的困難可能反而比較好。我們必須忽略自己知道的某些事，不去考慮那些數據或資料。

完美主義者則恰恰相反，他們認為要萬事齊備才能行動，卻往往因太過壓抑而遲遲不敢開始，或是反而沒能做好。

失敗的次數、創新能力，與「實力」相關

數位經濟是治療完美主義的良藥。

由於技術進步與新式消費習慣極快速地轉變，傳統方式再也不足以處理問題，比如不再能於產品上市前，先進行長時間測試，因為隔天可能就退燒了。因此，必須不斷推出新服務、新產品，瞭解客戶的反應，接著改進，或者下市。

與過去相比，失敗更緊密地與商業結合，使得完美主義再無立錐之地。

全球市值名列前茅的Google不斷進行著「找不到受眾」的創新嘗試。管理階層擔心被不斷創新的發展打個措手不及，甘冒改變開發方向的風險，每當開發出新產品便立刻推向市場。

網路巨頭Google成立於一九九八年，在不算長的歷史中，有數十種產品和服務被放棄[8]，它們卻象徵著Google的發展歷程。Google失敗的次數、創新能力，與實力是相關的。

「Google Glass」產品在二〇一五年中止。「Google Wave」和「Google Answers」相繼失敗後，「Google Reader」也在二〇一三年停止服務……期待與臉書競爭的社交平台「Google+」也失敗了，但它確實有效地引導使用者上網時，登錄Google帳戶，Google因此能夠蒐集使用者習慣等資料，據此提供新的服務，當收到消費者對服務不完善的回響，有助於他們改善服務，或者提供另一種服務。

8 編註：Goole特地設立了一個紀念網站「Killed by Google」（killedbygoogle.com），目前共有兩百九十七項產品及服務在這處「墓園」中安息。

Google的邏輯是「**持續完善**」，**而不是過度完美**。

Google公司有如一台試驗機器，方法是「多多嘗試，多多失敗，因而成功」。若Google的管理階層總想要推出完美產品，公司的創新和盈利能力恐怕都會下降。

我們往往表現得不怕失敗，卻偽裝成完美主義，放棄了嘗試。

至少你嘗試過

若要釋放膽量，得時刻牢記這一點：沒有行動就失敗，是更讓人難以忍受的事。

面對有魅力的對象卻一整晚都不敢搭訕，這種經驗誰沒有過？直到錯過機會，眼看要失敗了，我們才發現**就算不成功，還不如至少嘗試一下**。

有一首歌曲〈過客〉描述了缺少膽量的苦果：

謹以此詩
獻給我們曾在隱祕的時刻
悄悄愛過的女人

「隱祕的時刻」即猶豫不決，缺少勇氣上前搭訕的時候。歌詞接著描述了幾種令男人怯於接近的女性形象：

旅途的伴侶
她的眼睛是迷人的風景
讓旅程顯得如此短暫
也許只有我一人才能理解
卻讓她淡然下車
甚至沒有牽牽她的手……

當走到生命盡頭，思考著所有自己未把握的機會時，一陣苦澀襲來：

若錯過了生活
我們會帶著一絲渴望

想著沒敢接受的親吻
想著等待著你的真心
想著再也沒見的眼眸

於是，在煩悶的夜裡
孤獨充滿了
回憶的魅影
我們痛惜那些美麗過客
一瞥而過的朱唇
當時卻沒將她留住

運動員明白，連試都沒試就認輸的比賽，只會留下讓人難以下嚥的苦澀。沒有經過全力以赴的努力、沒好好發揮才能就註定落敗，這才是最大的遺憾。

因此，要學會敢作敢為，主要有這四點方法：

1. 提升自己的能力。
2. 欣賞他人的勇氣。
3. 不要過度追求完美。
4. 牢記這點：因缺乏勇氣而失敗，格外令人難受。

我們的教育教了孩子什麼？

——學習，不只是「學會什麼」，而是「要用你學會的做什麼」

「教育，不是填滿一個花瓶，而是點燃一團火焰。」——蒙田（Montaigne，法國思想家）

請對孩子說：「沒人犯過這麼有意思的錯。」

學校裡有許多才華洋溢的老師，他們關心孩子，樂見學生進步，引導學生愛上知識，全心為每個孩子提供同樣的成功機會。當我還是學生時，在文學課有了當作家的想法，並且躍躍欲試，但是遇見魅力十足的哲學老師，改變了我的人生。

老師這份工作每天都帶給我極大的快樂，所以在此我絕不是要攻擊教育體系，因為沒有一種教育系統是完美的。

然而在我看來，學校若未教學生「失敗之美」，如同未盡教育責任。但是在批評之前，我想澄清一下自己的立場。我曾在背景條件十分不同的環境任教：小鎮的普通學校、巴黎的大型高中、巴黎近郊條件很惡劣的學校，也有像巴黎高等政治學院等名校，學生有小鎮居民、天龍區的孩子、騎自行車穿越田野來上課的，或是從沒見過大海的年輕人。從他們身上發現的一些共通點，我認為是需要探討的問題。

學校不太鼓勵個人有「獨創性」

第一個共通點：學生很少因為「犯錯的方式」受到讚美。

這點看起來無足輕重，其實不然。「因沒有做作業」而得了很低分，與「因感興趣而偏離作業主題」拿了低分，是不一樣的。我們應該**多多讚美犯了「原創性錯誤」的學生**，向他們強調：因好奇而失敗、出人意料的失敗，預示著未來會成功。這樣一來，學生更能好好地接納批評，並因受到鼓勵而施展才華，也明白了犯錯並不可恥。

我從多年的教學經驗發現，當學生沒做好某件事時，強調他所展露的「獨創性」有很好的效果。我觀察到在此時，這種態度對學生很受用。

他們喜歡被稱讚：「**沒人犯過這麼有意思的錯。**」這表示儘管他們提出的主題可能與原始問題毫無關係，卻很吸引人。

或者只要說：「**這是一次很好的嘗試。**」就足夠了。孩子會感到開心，有時甚至受寵若驚，但絕不會感到受羞辱。

普遍而言，我們應該更關注失敗本身。然而我們往往繼續前行，對失敗視而不見，彷彿它毫無價值、是可恥的。

在法國，學校裡有個經典場景是：學生拿到低分（而這往往是公開的），接著老師帶著全班一起「對答案」——這種情況在美國是無法想像的。這種做法傳達出的意思很清楚，就是成功只有一種途徑，彷彿我們只該關注成功。這樣的情景屢見不鮮。

當然，在法國這不是唯一的做法。但在一些國家如芬蘭，絕不可能像這樣「對答案」，因為這麼做與個人化學習的原則相悖。

法國學校的一大特色是，由一位老師以同一種方式為全班三十多名學生上課。儘管漸漸發展出小組學習的方式，每週並安排兩個小時的個人化學習時段，但傳統授課模式仍然占主導地位。

若觀察其他國家的教育體系，可以看出這樣的教學模式多麼容易扼殺一個人的獨特性。在美國、英國甚至德國，一個班級的學生人數更少，老師與學生之間的個別關係十分緊密。有些英國學校會定期頒獎，既獎勵功課好的學生，也獎勵獲得「當日笨蛋」、「本週笑星」或「最美情人」等稱號的學生。學校所做的一切都是為了**鼓勵學生發展自我的獨創性，這比學業成績更重要**。[9]

在國際學生能力評量計畫中，芬蘭長期居於教育各項分類的領先位置，不同的社會經濟背景幾乎對學生成績沒有任何影響，學校之間差距很小，學生滿意度高……芬蘭的班級平

9編註：芬蘭則以每年的十月十三日為「國際失敗日」，鼓勵大家在這天公開分享自己的失敗經驗，以減少人們對失敗和冒險的恐懼。

均只有十九名學生，採用不同的方式因材施教。

這裡只舉一個令人吃驚的例子：芬蘭的孩子直到九歲才開始認字，最初幾年是喚醒孩子的天賦和好奇心。芬蘭的學生直到十一歲才會被「打分數」。從七歲到十三歲，學生在整個小學期間所學的課程相同，而從十三歲開始，可以從六種選修科目中進行選擇，靈活地建構自己要學的內容。自十六歲起，孩子們可以完全自由地設計學習課程。

芬蘭沒有傳統式班級，也幾乎沒有任何正規的上課方式。

法國的老師必須遵守課程大綱，還會有定期檢查，而芬蘭的老師享有極大的教學自由。結果便是，不到六百萬人口的芬蘭小國，成為世界上最富有創造力、專利申請率最高的國家之一。這與投入了多少資源無關，芬蘭的教育總支出占國內生產毛額的7%，和法國差不多。

他們成功的核心是一種很簡單的想法，芬蘭的中學校長諾曼恩總結道：「**重視學到的，而不是沒學會的。最重要的是，要讓學生覺得自己有擅長的事情。**」因此，他們對於沒做好的作業或失敗的練習，看法完全不同。在法國被視作違反規則的行為，在芬蘭的老師眼

裡卻是珍貴的觀點，指引了他們如何引導學生發揮才能。

成功的人生是沒有弱點？還是有強項？

第二個共通點：學校都要求學生改善弱項，而不是優化強項。

我花了很長的時間才意識到這一點，此後便發現這個問題無所不在。

我參加過幾十次班務會議，在會議中，老師們往往強調學生哪個科目比較「弱」，卻沒有稱讚孩子在其他科目的出色表現。如果一個十四歲的學生特別擅長繪畫或語文，但數學成績很差，那麼討論主題通常是「如何讓數學更進步」。而在美國或芬蘭，重點則會放在「繪畫或語文的天分對這孩子一生的幫助」。

我們的理想是教出勤奮又「符合標準」的通才。與那些在某些科目表現出色、其他科目較弱的非典型學生相比，老師們更喜歡各科表現均衡的孩子。

在這個現象背後是一種令人質疑的觀點：成功的人生需要什麼？是沒有弱點？還是有強

項？是不出錯地運用各種方法，讓自己各方面都比較出色？還是既有優勢，也有弱項，進而展現自我的獨特性？

作家朱利安．格拉克（Julien Gracq）回答了這個問題，他提到國際象棋選手的制勝策略：「絕不要強化弱點，永遠只加強優勢。」

曾經拒領龔固爾文學獎的格拉克不只是作家，也是教高中的史地老師，這句話大致概括其教學智慧。**雖然有必要優化弱點，以免影響表現，但更重要的是針對自己的才能「增強優勢」**。

給學生一個機會吧

學校似乎只看重好學生、「符合標準」的學生。但**要求孩子遵守規則、不能勇敢做自己，不就是「齊頭式平等」嗎？**我們自己還有什麼立場抨擊這種觀念？

事實上，大膽又有創造力的學生雖然在教室裡感到侷促，但也許在課堂外，他們便能展現自己的與眾不同。

有「音樂才女」之稱的歌手卡蜜兒進入巴黎高等政治學院前，曾就讀名校亨利四世中學，但這並未阻礙她成為法國音樂界最獨特的聲音。此外有調查顯示，法國藝術家的學位普遍比其他國家的藝術家高，學校一方面壓抑學生的個性，一方面卻也滋養著這份獨特性。

這點固然令人安慰，但相反地，也有不少大膽的學生因無法忍受學校的限制，而選擇退學。

時尚大師尚-保羅．高緹耶放棄了學士學位，急於直面世界，全心投入藝術創作。他把自己畫的草圖寄給皮爾．卡登，深受皮爾．卡登喜愛，當時高緹耶未滿十八歲。

三度摘下米其林三星的名廚艾倫．杜卡斯受不了學術教育的桎梏，高中畢業後，從一家餐廳開始學徒生涯。法國精品「開雲集團」董事長皮諾十六歲時離開了學校……

他們都不得不逃離那種只培養「好學生」的體制，才有機會一展長才。根據統計，有22%的創業者在高中畢業前後便輟學。

那麼，我們應該建構另一種學校嗎？在回答這個問題之前，讓我們先回顧一下過往。

我們教育體系的主要目標是保障權利平等，而不是發揮學生的獨創性；教育核心是給予所有公民相同的知識，進而賦予相同能力，以行使公民權利。這個教育體系的設計者受到康德啟蒙概念的影響，康德認為通往自由的教育需要學習規則和法律，這是普遍主義與理性主義的思維模式。犯錯，意味著錯誤的行為舉止，永遠不被看成是一種大膽表現而受到重視。

長期以來，這種模式收效良好，出身背景不佳的孩子藉此擺脫困境。學校對每個人一視同仁，不管是工人之子、老師或名流之子，社會「向上流動」的管道發揮了作用，若沒有這個體系，家庭背景不好的孩子就沒有機會展示獨特才華。

曾經在開學前一天，新手老師們下了火車，踏上小鎮月台準備赴任時，長官會在月台上歡迎他們，以平等之名代表法國感謝這些老師。

但時代變了，國際學生能力評量計畫揭示了我們差強人意的成績。如今是以社會經濟背景決定學習成就。培育菁英人才的學校成了階級複製的搖籃。

儘管有許多堪稱模範的老師不斷努力，但教育體系已危機四伏，無法確保社會的流動性。巴黎近郊中學生與巴黎、里昂等大城市學生所受的教育有落差，但在五十年前並非如此。

如果學校變得不再平等，為何不能轉而成為培養孩子獨創性的地方？

若學校無法傳授相同的知識給每一個學生，為何不強調學生的特殊才能、創造力和主動性？

既然學校不再有標準規範，為何不試著鼓勵勇敢嘗試的學生呢？

我們不應拘泥過往，必須留意時代變化，從中看到教育改革的機會，因此要以不同方式思考所謂的「企業家精神」——但很快會發現還有一段落差。我們也必須重視「有用的知識」——然而我們將發現，在我們的文化中，「有用的知識」原來並不受重視。

受限於恐懼

第三個共通點：老師們並不瞭解企業文化。企業的真實情況被扭曲了。

許多經濟學教科書仍然充斥著老闆剝削工人的陳腔濫調，也從不介紹大膽的企業家。與美國不同，法國人最喜歡的人物中，沒有商業領袖。

有不少人希望透過各種努力改變現狀，其中最重要的一項是企業家哈亞特，他在二〇〇七年創立「十萬企業家協會」，帶著企業主進入中學校園，短短十年間已走訪全法國10％的中學生。

哈亞特在著作中描述企業主如何登上講台，向學生們介紹「企業家」這項奇怪的工作：從一個願望、想法或需求出發，尋找資金，控管風險，然後碰碰運氣。他們還告訴學生，法國的中小型企業數量只有英國的一半、德國的三分之一，但只要數量能翻倍，原本困擾的大部分問題就能夠迎刃而解，比如長期失業、公共財政赤字、社福機構破產等。

儘管這些企業主有時能夠啟發年輕人，他們卻經常遇到一些反覆出現的問題：一開始沒有錢，怎麼辦？怎樣才知道自己的想法好不好？而其中有一個問題被問得最多：「如果我失敗了，怎麼辦？」

「對失敗的恐懼」是限制年輕人發展的罪魁禍首。

不斷地「再創造」

第四個共通點：我們不重視「有用的知識」。知識常被當成一種目的，或者只是作為評價的手段。

國際學生能力評量計畫的研究結果顯示，法國學生畢業時掌握的知識比美國等許多國家的學生都多。然而，儘管學校所教的內容豐富，教學方式卻過度著重理論與學術化，不夠切合實際狀況。

但**知識的價值不在其本身，而是它能夠為人生帶來什麼改變**。我們應該大方承認自己與知識之間這種「工具性」的關係。

我們要清楚地認知整體的學業成就降低了，因此必須從「知識能用來做什麼」的角度，讓學生對學習知識感興趣。對此，許多老師深信不疑，比如歷史老師教學生多多瞭解過往，更有助於理解當下；哲學老師教社會底層的孩子如何表達自我，他們甚至用來為自己的叛逆表現辯護。

但身為老師這麼做，卻經常受到教學督察的責難。身為督學的他們裝作未注意到眼前的變化，指責「順應學生」的老師是巧言令色，蠱惑學生。然而要建立起師生關係，別無他法。

記得有位教學督察充當督導，先是批評我的教學方法，接著一臉篤定地提醒我，「學校」這個詞的涵義是：「即使萬物變化，學校也保持不變。學校是當其他一切都崩塌時，學生仍然可以依靠的『導師』。」他滿臉得意地說。

但我堅信，國家經歷變革時，學校必須「變化」，才能適應不斷變動的世界。

學會思考是必要的，但絕不要「只會」思考

尼采在著作中，表達對虛榮的學術和小資產階級精神感到憤怒。他幽默地嘲諷像骨董商對待古物般看待自己知識的人：成天撣灰，卻只是把古物放著不管，最後被撣起的揚塵害得氣喘吁吁。

這提醒我們，問題的關鍵**不是「我學會什麼」**，**而是「要用我學會的做什麼」**。

尼采將知識的運用方法分為兩類：一類是我們用知識讓自己安心，嚴格受限於自己的能力，屈服於「恐懼的本能」；另一類是以這些知識為起點向別處發展，並以「藝術的本能」來處理——在這種情況下，知識的作用是引領我們投入生活，展開行動，並且不斷重塑我們的人生。

諾貝爾文學獎得主吉卜林的詩作〈如果〉中，有一節與尼采的知識論產生美妙的共鳴：

如果你會冥想、觀察和認識，
而絕不變成一個懷疑者或破壞者，
做夢吧，但不要被夢主宰，
思考吧，但不要只當一個思考者。

在大膽的存在主義觀點中，「知識」必須從一開始便被看作是有待超越，而我們必須打破的一種舒適圈。

有個觀點對於教育改革十分重要：所有知識都必須能幫助學生以「藝術的本能」戰勝「恐懼的本能」。當然，讓孩子學會思考是必要的，但絕不要「只會」思考。

成功的人生，就是不斷地提出探問

設想一下，這樣的教育觀點在不同層面的影響：

- **「某一科的課程需要削減嗎？」**——這種觀點或許有助於區分哪些應該保留，哪些沒什麼用。

・**「我們是否還應該教古文？」**——答案是肯定的，但前提是要利用死語言來幫助學生理解今日的語文。

・**「職業學校的存在十分有必要，然而它們對促進就業有幫助，卻不受重視？」**——若在一個核心問題不再是「你學會什麼」，而是「打算用你學會的做什麼」的世界，職校就會獲得重視。

這些與知識自由的關聯、富創造力及工具性的關係，正是法國高三哲學課的上課內容。學哲學就是從偉大先哲的理論出發，學會自己思考，目的不是教學生思想史，而是學習「自由思考的樂趣」。

當學生發現笛卡兒認為自由是一種選擇的能力，而史賓諾莎持相反意見時，他們就必須形成自己關於自由的概念，參考讀物只是進行思考時的背景素材。不要叫學生必須記住這些知識，而是要引導他們自主分析，如此反而記得更牢。

這也是為何我們應該從小學就開始教哲學，這是為年輕一代定調的好方法，讓他們瞭解哲學和知識之間的實用關係、與一個人存在的關聯，盡早培養批判精神。這也是對抗意識

形態和身分認同危機的最佳防線。

要讓年輕世代明白：成功的人生就是不斷地提出探問，引導他們投入生命這場美妙冒險，這也不失為一個好方法。

以成功造就成功

——別受限於「標籤」或「頭銜」，忘了投入創造的初心

「若你是因〈紫雨〉這首歌而來，那你來錯了地方，重要的不是你知道了什麼，而是你準備去發現什麼。」

——王子（Prince，美國傳奇音樂人）

小心這兩個「騙徒」

本書進展到這裡，我們一直在思索如何從失敗中獲得成功。但若要長期成功，就必須會「運用成功」來造就成功。

這點並不容易，要有勇氣將成功也當作瞭解和重塑自我的機會。

無論成敗，我們都必須對「過度認同」保持警覺。以失敗定義自己很糟糕，但以為自己「就只會成功」也可能是場悲劇。

為此，觀察長期成功的人是很有幫助的。

法國手球隊奧內斯塔教練帶出的選手獲得空前成就：五次世界冠軍、三次歐洲冠軍、兩面奧運金牌……被民眾稱為「專家」的選手們，在本世紀初便贏得九項國際賽冠軍。有「搖滾變色龍」之稱的大衛．鮑伊、美國的王子這樣的藝術家，數十年來始終保持著領先地位，是排行榜的常勝軍。

他們的祕訣是什麼？

當他們成功了，仍繼續探索，虛心自省，這種看待成功的方式，正應是我們面對失敗的態度。他們不受限於固定的想法或單一形象，儘管重視成功，卻明白還有其他真正重要的事，並深知際遇的影響力。

簡單來說，他們身處成功的核心，卻展現了「失敗的智慧」。

這是受到失敗啟發嗎？大衛．鮑伊第一張結合民謠與流行曲風的專輯失敗了。還是因為他們本能地保持冷靜？他們是否認為成功的人生，就是持續行動、保持探索的人生？

無論如何，他們遵循了作家吉卜林在〈如果〉一詩中，倒數第二節的建議：

如果你在失敗後遇見成功，
以同樣的態度接待這兩個騙徒，
如果你能保有你的勇氣和理智，
哪怕其他人都已失去……

「兩個騙徒」，是因為成功和失敗一樣——一旦把成功當成一切，以此來定義、限制住自己，我們便被它矇騙了。

失敗會騙人，讓人自認為是失敗者。成功也會騙人，讓人以為一時的成就或社會形象就是「真實」的自己。

然而沉醉於成功的喜悅時，如何能保持理智？方法就是：永遠別忘了，唯一真正重要的

成就是生命的冒險，而真正的挑戰在於無論成敗，都必須展現人性的光輝。

這首詩最後昇華道：

比國王與榮耀更值得的是，
你將成為真正的男人，我的兒子！

當心你的勝利

手球隊的奧內斯塔教練回答記者提問時，說話的語氣常令我訝異。當選手們大勝歸來，贏得新的獎項、創下新紀錄，在一片熱烈歡欣中，他總是冷靜持重，眼神和語氣更透著隱憂。他仔細分析球隊的勝利，彷彿輸了球。假如關掉電視的聲音，甚至讓人懷疑比賽到底是贏還是輸。

直到讀了他的書，我才明白個中原因。

每次贏球後，他都想繼續創新。他解釋說，要保持最好的水準，絕不能連續兩次運用相同戰略，尤其身為世界冠軍，所有參賽隊伍都在分析他們的比賽時。

他寫道：「歷史性的三連勝和所有這些俗氣的名聲，我都不在乎。我腦中只有一個想法，更虛心，也更複雜：明知別人會竭盡全力讓我們失敗，我們下次要怎麼獲勝？正是這種謎一樣的問題，深深吸引我想去找出答案。」

這真是很好的一課，當其他人嘗試讓有效的戰術繼續發揮作用時，奧內斯塔卻深知「繼續創新」的必要性。對他來說，「贏」就是打敗預測，永遠領先他人一步。

曾經是體育老師的他斷言：「假如比賽永遠只套用同一個原則、同一種模式，那就沒救了。以法國隊為例，我們有大約十五種攻略戰術，按照球員的期待，我得為所有戰術都做出詳盡計畫，這有助於讓他們安心，也能讓其他紙上談兵的教練安心，我卻放不下心。比起戰術系統，我更重視主動精神。與其反覆訓練，我認為背後的意圖與動機更重要。」

若想成功，不能陶醉在滿足感中，必須投身於「創造」的樂趣，那種快樂更細膩、深刻。

我們要把成功視為一項邀請，鼓舞我們繼續大膽地行動，正如吉卜林筆下的「保有勇氣」，也是將成功看作一種需要承擔的義務、被賦予的新責任。

法國手球隊選手們從一開始被大家叫成「曬黑的人」，後來是「怪人」，接著是「壯

漢」，最後被稱為「專家」，經常變化的外號象徵著他們的成功法則：

別在意被貼上的標籤或是得到的頭銜，這些只會框住你，讓你變得遲鈍。相反地，你應該盡可能經常地做出改變，特別是當一切順遂時。

二〇〇五年，網球界的「紅土之王」納達爾首次贏得法國網球公開賽冠軍時，年僅十九歲。他的叔叔兼教練托尼走進更衣室，對他說：「你知道，很多在這裡獲勝的人都以為這是第一次，但卻是最後一次。」

自己帶的新手才剛在巴黎紅土上奪冠，托尼就提醒納達爾：當心這場勝利。在教練眼裡，這個提醒是必要的。**勝利只是一項成就，應該把它變成一個「開始」**，如吉卜林的詩句：「保有你的勇氣和理智，哪怕其他人都已失去。」

納達爾似乎聽進了這句忠告，在他的十四個法網公開賽冠軍中，這是第一座。史上從沒有球員能在同一個賽場上贏得十四座冠軍。

不要讓成功侷限住你

沙特在《魔鬼與上帝》（*Le Diable et le bon Dieu*）中寫道：「被上帝選中的人，也就是被上帝的指頭逼到牆角裡的人。」[10]

他不愧是妙語連珠的天才，對自由滿腔熱情，也難怪他看出當一個人成功時，有被束縛住、影響其本質，甚至被剝奪自由的危險。

沙特經常在小說中嘲諷名流新貴困守社會地位，自以為功成名就卻日漸衰敗的景象。一九六四年，他拒領諾貝爾文學獎，原因之一就是他不想只被看成「諾貝爾獎得主」，不願一輩子、甚至死後，都帶著這個標籤。他渴望繼續自由地表達自我，而不是成為瑞典學院的同路人。他已經不想當尚-保羅．沙特了，遑論當一個諾貝爾獎得主。

在此之前，一九五七年，四十四歲的卡繆獲得諾貝爾文學獎時也有過同樣的恐懼。他對成功的代價同樣充滿疑慮，反應卻不同。

一方面，他接受了這項殊榮，並在授獎演講中坦言這座獎不僅是「他的」：「我接受這項殊榮，乃是為了向那些和我共同作戰的人們表達敬意，他們沒有得到任何表彰，相反

地，卻受到迫害與諸多痛苦。」[11]這是不讓自己被成功侷限住的好方法。

另一方面，在這份榮耀的驅動下，他加倍努力地工作和創作，以新的熱情投入教育小說《第一人》（*Le Premier Homme*）的寫作。卡繆在這部作品中，回顧自己在阿爾及利亞度過的童年，談論戰爭創傷、忠於自我等課題。

過早贏得如此殊榮可能使創作靈感枯竭，尤其他是與年輕時崇拜的大師安德烈·馬樂侯（André Malraux）競逐之下勝出。然而，卡繆的反應是更大膽地投入創作。他視此榮耀為一種任務和使命，似乎想透過帶有個人色彩、企圖心濃厚的著作《第一人》（有人認為這是他最好的作品），證明自己得獎是實至名歸。獲獎後的數個月，當記者提出相關問題時，他總以自己手邊多忙作為回應。

諾貝爾獎帶給卡繆一種崇高的使命感。他在瑞典學院的演講中說道：「真正的藝術家對

10 出自《魔鬼與上帝》第二幕第四場，羅嘉美譯（灕江出版社，一九八六年）。

11 此處及下文引述的演講是一九五七年十二月十日，卡繆獲得諾貝爾文學獎後所做的演講，王殿忠譯（上海譯文出版社，二〇一三年）。

任何事情都不能等閒視之，必須強制自己去理解和體會，而不應給評價。如果在這個世界上，他想支持某一個派別，只能站在『社會』這一派。按照尼采的至理名言，法官不能支配一切，支配一切的是創作者。」

「成就自己的成功」，就是把每一次成功都看作是承擔創作者責任的機會。

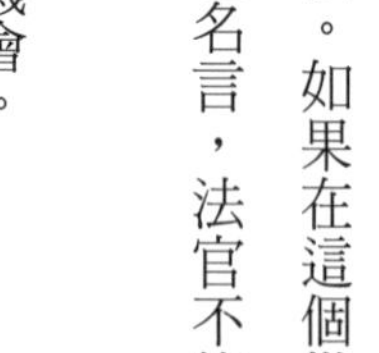

謙虛太難，但是必要

手球教練奧內斯塔和紅土之王納達爾的教練托尼，他們瞭解成功的代價，知道不應被勝利「逼到牆角」。

奧內斯塔說他唯一關心的問題是：「我們下次如何獲勝？」他更虛心，也更複雜地思考，因為他知道要在成功時保持謙卑，有多麼不容易。

然而，這正是讓他們傑出的力量之源：**即使在勝利時，也不忘自我質疑。**

網球球王阿格西在自傳《公開》（*Open*）中表示，自己贏得比賽都是靠著差不多的打法，甚至認為在成為世界第一之後，自己仍然很糟糕。他解釋：打得比別人好，並不表示

「真的好」。跟其他人相比，他的確更好，但與自己的高標準、渴望的創造力，尤其是想要的樂趣相比，他打得還不夠好。

這麼說看似傲慢，實際上只是因為謙卑——這是謙虛的最高境界，如同紅土之王納達爾。在幾位冠軍選手中，納達爾花在為球迷簽名的時間最久，並經常與崇拜他的孩子們見面，這些孩子只希望能拿到他的簽名，不管那張簽名紙再皺也珍貴。

二〇〇五年六月十二日，賈伯斯在史丹佛大學的著名演講結束時說道：「Stay hungry, stay foolish!」這句話常被翻譯成「求知若渴，虛心若愚」。若回歸英語的原意，賈伯斯的建議聽起來更鏗鏘有力：保持飢餓，保持愚蠢，甚至當個傻子！想要成功，這是最好的辦法了。

「保持飢餓」：**保持你心中的這種匱乏之感，這是「欲望」的另一種表現。**

「當個傻子」：**若理智告訴你曾經有用的還能再次奏效，請你遠離它。**在這種情況下最好當個「傻瓜」，正如作家保羅．瓦勒里所說：「為了行動，必須忽略多少事情。」

生命未竟之前，盡情舞動人生

「飢餓」、「愚蠢」、永遠在探索，從無數的成敗之中創新——這就是大衛・鮑伊的本色。二〇一六年一月，他在去世的前兩天還發行了新專輯《Blackstar》，這是他第二十八張專輯，他仍然在探索新的音效。

大衛・鮑伊的職業生涯前後橫跨五十多年，期間轉換了音樂類型與身分，展現不同面貌。他曾是大衛・羅伯・瓊斯（David Robert Jones，他的本名），然後是大衛・鮑伊（David Bowie），還化身為來自外太空的角色「Ziggy Stardust」。

他是唱著〈Let's Dance〉的流行歌手、雌雄同體打扮的紳士，也是留著一撮瀏海的〈Bad Boy〉、〈Station to Station〉面色蒼白的優雅貴族，還是〈Ashes to Ashes〉歌曲中的悲傷小丑。

年輕時曾演過默劇的他，最終以「Ziggy Stardust」角色的華麗搖滾確立地位。其後，他以古怪卻吸睛的流行曲目〈Let's Dance〉更進一步成功。但他並未陶醉於頹廢的迷人角色，而是進行其他嘗試，至此才真正成為國際巨星，在全世界唱響〈China Girl〉、〈Let's Dance〉、〈Modern Love〉等歌曲。

他還有更多蛻變，甚至另組「Tin Machine」樂團，後來並接觸電子樂、鼓和貝斯等當代音樂。

大衛．鮑伊的專輯共售出近一億四千萬張，他還是畫家、音樂製作人，也造就了別人的成功。

奧內斯塔教練把贏球當成輸球般分析。大衛．鮑伊也給人一種印象，他每隔一段時期便重塑自我，彷彿重新出發。

他**不斷自我創新，無關成敗**，「保持飢餓」到最後。

美國歌手「王子」喜歡在大型演唱會結束後，舉行即興的安可秀。有幸在祕密酒吧或私人俱樂部目睹他盡情展現才華的歌迷都表示，他雖已累到極點，卻愈累愈瘋，自由揮灑，隨心所欲地演奏不同的樂器。

然而當歌迷要求王子演唱他最厲害的歌曲〈紫雨〉時，他總會拒絕並解釋說：「若你是因〈紫雨〉這首歌而來，那你來錯了地方，重要的不是你知道了什麼，而是你準備去發現什麼。」

他不想只是耽溺於「流行音樂之王」的美名而沾沾自喜，並且也要求他的歌迷們不要活在過去。

這就是王子體驗藝術的方式，正如他說過的：「總有一天我們都會死。但在那之前，我要舞動我的人生。」

超越自己的失敗

大衛·鮑伊和王子，與那些只會套用成功公式而成為笑柄的人之間，有什麼不同？

李奧納多·狄卡皮歐先後出演了《不一樣的天空》片中的智能障礙者、《羅密歐與茱麗葉》的浪漫英雄、《華爾街之狼》的瘋狂交易員和《神鬼獵人》的野獸獵人。總是演出同類型角色的演員和他之間，有什麼區別？

他們比其他人更有活力，**如藝術家般創造，而不是只表現技術**，所帶給我們的人生啟發遠超過片刻的放鬆娛樂。同時，他們展現出因追求新事物而迸發的生命本質，自信滿滿地帶著力量大膽前行，直到成功。

正如尼采在《查拉圖斯特拉如是說》中，透過生命之口透露的：「瞧，自己必須不斷超

越自己者，就是我。」[12]

「成就自己的成功」也就是明白，我們必須超越自己的失敗，繼續前進。

12 出自《查拉圖斯特拉如是說》第二部：〈超越自己〉篇，錢春琦譯。

戰鬥者的快樂

——成功就是從失敗走向失敗，卻沒有失去熱情

「沒有受到阻礙的快樂不是真正的快樂：快樂是矛盾的，否則就不是快樂。」

——克雷蒙・羅賽（Clément Rosset，法國哲學家）

快樂就在一瞬間

如果事情毫無差錯、沒有遇到挫折，我們也無法品嘗到生活中最深刻的滿足感。可以說，失敗與快樂有關——我指的不是幸福，而是「快樂」。

幸福是持續感到滿足的狀態，而快樂只是一剎那。幸福是平和、平衡的，快樂則更猛烈、瞬間發生，甚至是不理性的。沉浸於快樂時，我們不是會說「高興得瘋了」嗎？過多擔憂會阻礙幸福，卻不會影響片刻的歡樂。

我們不妨將這種喜悅稱為「戰鬥者的快樂」，它可以有許多種形式。

重回巔峰的快樂

第一種最明顯，那是經歷了失敗和失望，走到漫漫長路的盡頭，最終獲得成功時的滿足感。正是這種重回巔峰的特殊快樂，才帶給遲來的勝利諸多餘韻。

在劇作家高乃依（Corneille）的悲劇《席德》（*Le Cid*）中，伯爵反駁羅德里戈：「恐怕不會有什麼光榮因我這次勝利尋蹤而來，不冒險就取勝，贏了也沒什麼光彩。」[13]

13 出自《席德》第二幕第二場，張秋紅譯（上海譯文出版社，一九九〇年）。

假使輕而易舉的勝利是不光彩，那麼隨之而生的快樂就比不上歷經痛苦、艱辛後取得的成就。我們可以透過「征服的難度」估算成功的代價，這正是阿格西的自傳《公開》寫得最好的地方。

・阿格西：走出長期低潮

對網球球王阿格西而言，在他所有的大滿貫勝利中，一九九九年法國網球公開賽的冠軍帶來了最狂熱的快樂。這場勝利象徵他復出了，讓他脫離了長期憂鬱、ATP世界巡迴賽排名墊底，甚至是吸毒的噩夢。

九〇年代中稱霸世界網壇後，來自賭城的天之驕子阿格西遭遇事業低谷，一直以來的隱約感覺變成現實：他不明白自己為何而打球。父親痴迷網球，在他的訓練下，阿格西整個童年都在玩父親自製的回球機。後來他進入名教練尼克・波利泰尼創辦的波利泰尼學院學習網球，父親的專橫轉變為教練的嚴苛。

首度拿下世界第一的排名那天，他卻毫無感覺，那是一九九五年，他才二十五歲。

那個畫面很奇特：他接到電話得知ATP世界巡迴賽的排名剛剛更新，但他對這個「好消息」卻無動於衷。他走上街放空，逃離世界，自言自語著生活不是自己的選擇，他只是實現了父親的願望……他不停地告訴自己，這項運動偷走了他的童年，他沒有讀過書，什麼事情也不會做。站在人行道上，他頭昏腦脹。

阿格西可能是世界上最厲害的網球選手，但他厭惡網球。

大約與此同時，他認清了明星妻子布魯克·雪德絲的真面目。在自傳中，阿格西暗示她自私又膚淺。當時兩人新婚，但相處只有彼此打個照面的時間。他喜歡晚上待在家裡，而她只喜歡社交宴會，而且在阿格西有重要決賽的清晨，帶著聒噪的朋友們回家，從不關心他的比賽。

阿格西對任何事都提不起勁，接著他離婚、停止訓練，人生開始走下坡。他發福、嗑藥、輸掉了大部分比賽，ATP排名跌至第三百名，在球場上的表現判若兩人。儘管過去奪冠從未借助任何藥物，但某次藥檢，他因吸毒被驗出陽性，險些害他失去那些冠軍榮耀。

就在他準備退出網壇時，好友吉爾的女兒出車禍，狀況危急。阿格西原本參加一場嗑藥派對，得知消息後，大驚失色地開車赴醫院。

見到走廊上面無血色的好友，他心中湧現一股愛意，那是對朋友、朋友的女兒及對於生命的愛。這件事給他啟示，他告訴自己要去愛重要的人，這才是他生命的意義。

吉爾的女兒活了下來，阿格西也重獲新生。他決定重返球場，而這一次他明白是為了什麼。

他一直苦於沒有受過教育，因此想替貧困兒童成立基金會，為了基金會的資金，必須重回世界之巔。如果打網球對這項計畫有幫助，那麼他就會喜歡打球。但要走的路還很長，如今在球場上的他姿態笨拙、動作緩慢，他必須重新找回屬於自己的位置。

為了提升排名，他參加ATP挑戰賽，看台上只有幾十名觀眾。他曾是網球霸主，如今卻退步到五年前的水準，曾經嫉妒他的人紛紛對他冷嘲熱諷。

前網球選手、曾居世界排名第四的布萊德．吉伯特同意當他的教練，此外無人相信他。阿格西替布萊德取了綽號叫「先知」。

慢慢地，阿格西開始進步，找回從前的球感，身體狀態也慢慢恢復。他的肌肉訓練和慢

跑交替進行，一練就是好幾個小時。這個過程很痛苦，比預想的更艱難，但阿格西咬緊牙關堅持。

他追求的不再是父親的夢想，也不是網球學校的利益，而是自己的願望。他想做好事，也想贏得葛拉芙的芳心。阿格西對葛拉芙一見鍾情，儘管當時她已有伴侶。

幾個月以來重回軌道的過程十分漫長，阿格西贏得了一些小比賽，最後到了一九九九年，經過一連串精采賽事之後，他打入法國網球公開賽決賽，擊敗了俄羅斯的勁敵梅德韋傑夫。

阿格西在書中寫道：「我高舉雙手，任球拍落地，我熱淚盈眶地不斷搓揉著頭，很怕自己被這種無與倫比的幸福感淹沒。勝利不該讓人這麼快樂，也不該如此重要，但這一刻就是，它就是，令我不能自已！我感到狂喜，滿心感激——感謝布萊德、吉爾和巴黎，甚至感謝我的前妻布魯克和尼克。若沒有尼克，我也不會站在這裡。若沒有和布魯克之間的起起伏伏，沒有那段痛苦煎熬的日子，這一切不可能發生。我也要謝謝我自己，感謝自己所做的每一個選擇，無論好壞，正是這些選擇引領我走到這裡。」

正因為走過漫漫長路，快樂才會如此強烈。輕易獲得的成功不會那麼深刻，只會不真實地從我們身邊飄過。

一九九九年六月打入法網公開賽決賽的阿格西，滿懷著過往的苦難與起落、人生好壞參半的選擇，還有他的失敗經驗。失敗值得被我們所愛，因為正是失敗，最後才促成如此強烈的快樂感受。

阿格西繼續寫道：「我走出球場，向著四面八方送出飛吻，竭盡真誠地表達內心湧動的感謝，及其他油然而生的情感。我發誓此後無論輸贏，每次離開球場時都要這麼做，我要向地球的四面八方送出飛吻，對全世界獻上感激。」

正如法國哲學家柏格森的這段話：「快樂總是在宣告生命獲得成功、取得進展、贏得勝利。所有的大喜都帶有勝利的口吻。」

阿格西與親友在巴黎的一家義大利小餐廳徹夜慶祝勝利，有網壇「壞小子」之稱的馬克安諾後來也加入他們。「瑞典冰人」比約恩・博格打電話給馬克安諾說，這是網球史上最偉大的勝利。

「布萊德和我走回飯店時，太陽冉冉升起。他搭著我的肩，對我說：『這段旅程總算有了它應有的終局。』

「『什麼意思？』

「『人生啊，通常會是要命的爛尾。但這回不是。』

「我也伸手摟著他。這是『先知』這個月少數沒料中的幾件事之一——這趟旅程才正要開始。」

從這座法網公開賽冠軍開始，阿格西重回球技巔峰，並保持了很長一段時間。三十三歲時，他又成為世界第一，並以所得成立了阿格西慈善基金會。

・約翰・屈伏塔：展現時間的韻味

阿格西披荊斬棘重回世界第一，讓我想起在昆汀・塔倫提諾執導的電影《黑色追緝令》中，約翰・屈伏塔跳的扭扭舞。

約翰・屈伏塔有《火爆浪子》、《週末的狂熱》等電影作品。在昆汀・塔倫提諾請他演出《黑色追緝令》之前，他也經歷一段很長的低潮期。迪斯可舞曲的時代早已過去。他在八〇年代主演的電影票房和口碑屢遭敗績，至九〇年代中期，雖然有零星的成功，但都是像《看誰在說話》那種配不上他才華的喜劇片。

一九九四年，當昆汀．塔倫提諾找上約翰．屈伏塔時，他早已過氣。沒有人給發福的他提供有意義的角色，他的時代早已過去。昆汀．塔倫提諾卻利用他在迪斯可時代的形象，給了他一個角色。

《黑色追緝令》片中，約翰．屈伏塔與鄔瑪．舒曼共舞的經典一幕，呈現出一種滄桑而疲憊的美感。他有點小肚腩，也非二十歲的年輕模樣，但舞步卻透出一種平靜的優雅，充滿人性的韻味——這一幕成為電影史上的經典畫面。如果沒有那段沉淪的歲月，他不可能跳出這樣的舞。

阿格西一九九九年贏得法網公開賽的快樂之中，滿是他的失敗，約翰．屈伏塔在《黑色追緝令》的優雅舞步則飽含滄桑。

《黑色追緝令》在坎城影展獲金棕櫚獎，約翰．屈伏塔則以此片獲得奧斯卡最佳男主角提名。他重振旗鼓，再次成為全球最受歡迎的演員之一。

如果他始終一帆風順，那麼後來以《變臉》、《紅色警戒》等片成功絕不會有同樣的滋味。

生活的快樂

戰鬥者的快樂，也可以透過平凡、日常體會，這就是生活的快樂。唯有歷經滄桑，才能體會這種簡單的快樂滋味。

與法國歌手芭芭拉一同工作的錄音室人員常訝異於她親切又樸素。他們都知道芭芭拉的過往與歌曲作品，曉得童年的她飽受摧殘，生活艱難，因此在想像中，芭芭拉會是個緊張而嚴肅的人。但她開朗的性格令人驚訝，用餐時，她是愛開玩笑的樂天派，巡迴演唱時則總是大笑不止。

生活的快樂並不表示必須按照各種標準過日子，也不在於獲得各式成功，或一定要有多少收入，僅僅是生活本身的樂趣，這便足夠。

有時候我們必須經歷失敗，才能叩響快樂的真理之門。哲學家克雷蒙·羅賽的這句話十分到位：「最確切的快樂，莫過於與生命的喜悅合而為一。」

我曾遇過一些企業家，他們的態度讓我印象深刻。在情勢緊張、需要做出艱難抉擇時，他們卻冷靜而愉悅地完成任務，令我驚訝不已。即使破產了或瀕臨破產，承受著種種不容易，他們卻找到一種看淡一切的力量。但也有許多企業家不知失敗為何物，卻成天活在焦慮和壓力中，有時還對員工很惡劣。

失敗會賦予隨之而來的成功一種特殊滋味，幫助我們以不同的角度欣賞日昇月落，坐看暴風雨後的雲淡風輕。

「森林裡的兩排蕨類植物在秋天改變了它們的樣子，行走在其中是一種成功。相較之下，一旁的選票和歡呼算得了什麼？」羅馬尼亞旅法哲學家蕭沆（Emil Cioran）這句話真是一語中的。

有什麼比感受這世上的生機，同時凝望自然之美更美妙的成功呢？走過辛苦，這種成功更顯得強大，而唯有經歷過的人才能感受到。

逆境中的快樂

遇到困難時，我們使盡渾身解數，就為了觸底反彈，甚至有時只為了堅持下去，卻在這種情形下體會到身處逆境的快樂。

應該如何定義這種快樂呢？就像勃勃生機遇到困難才會迸發，**最純粹的快樂就是逆境中的快樂**。

面臨危機卻感到快樂？你可能認為這十分不尋常。但這種歡快無疑是最強大、也最純粹的，我們以此反抗生存的艱難、人世的殘酷，這是我們回應人生的一種方式。

理解這層意義後，我們就能區別「快樂」和「幸福」了。感到幸福和滿足時，籠罩著我們的陰影無法增加幸福感，反而往往會削弱它。然而當受到威脅時，快樂卻似乎變得更強烈，也更真實。

痛失弟弟、雙目失明與母親去世後，美國靈魂樂大師雷·查爾斯仍能繼續感受快樂，這就是逆境中的快樂。

前英國首相邱吉爾說：「成功就是從失敗走向失敗，卻沒有失去熱情。」這裡的「熱情」相當精準地解釋了何謂逆境中的快樂。

戴高樂在一九四〇年六月前往倫敦時，這樣的快樂在心中湧動不息。

愛迪生徹夜未眠只為把燈點亮時，快樂從眼中迸發。

柔道選手被摔倒在地，卻覺得自己還能再站起來時，快樂在體內躍動。

拳擊手被擊中，準備伸出右手回擊時，快樂在肩上起舞。

我們也一樣，每當失敗重新給我們勇氣，或者當勃勃生機將沮喪一掃而光時，這樣的快樂也在我們心中。

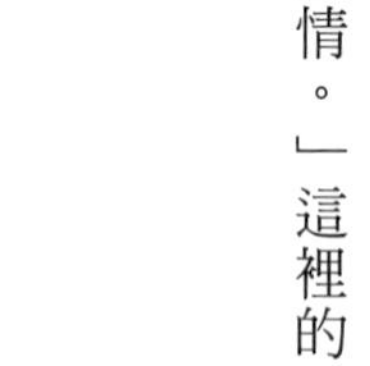

「前行者」的快樂

當一個人面對逆境卻感到快樂的同時，才華和技能往往也能隨之發展。亞里斯多德曾解釋，**生活的一大樂趣就是進步，利用生活提供給我們的機會，「更新自己的能力」**。古代哲學家以「前行者」這個好詞，形容未臻完美，但每天都在進步的人。

做一個前行者，在人生道路上不斷前進，就是一個人存在的目的。

然而，**有些能力只有當遭遇失敗或現實的阻礙，才得以發展**。

達文西創作一幅畫需要數年時間。他畫〈聖母子與聖安妮〉（La Vierge, l'Enfant Jesus et Sainte Anne）用了十五年，甚至在去世時仍未完成。

想像一下，他年復一年地創作這幅傑作，不斷地修飾、改正、調整、完善。他有過懷疑與猶豫，甚至當著學生的面，還想過放棄，但最後重新振作起來，心中充滿創造的熱情。對著自己的畫作，達文西體會到身為前行者的快樂，而不是幸福。如果他從未失敗過、未經歷放棄的恐懼，他就不會前進這麼多，感受到的快樂也不會這麼深刻。

「快樂，是從一種微不足道的完美過渡到更偉大的完美。」哲學家史賓諾莎的話讓人醍醐灌頂。這就是為何有時我們失敗了，才能重獲力量，繼續努力。

失敗給了我們機會更瞭解世界、提升才能，進而成長，「從一種微不足道的完美過渡到更偉大的完美」。

如此一來，我們也就更能理解是什麼幫助J．K．羅琳堅持下去，當時她沒有錢、沒有家，被失敗感擊垮，卻將哈利波特的冒險故事寫在一張張紙上。這是雙重快樂：一方面是逆境中的快樂，她找到讓自己堅持下去的力量；另一方面是前行者的快樂，她學會說故事、塑造角色，讓劇情以符合邏輯的方式發展，創造了一個全新的世界。

想像一下，她在咖啡館伏案創作，失敗的現實告訴她，她能夠在逆境中找到快樂。慢慢地，前行者的快樂治癒了她的創傷。

靈性的快樂

失敗讓我們發現了最徹底、或許也是最瘋狂的快樂——對萬事萬物的認可。此時，身為戰鬥者的我們不再奮戰。儘管不再戰鬥了，但這種「放手」依然是對生命的肯定與強力贊同。

對於斯多噶學派、早期的基督徒或許多神祕主義者來說，真正的快樂是從貧困與簡樸之中獲得的。

我們必須知道如何放棄那些流於表面的快樂（比如小小的成功、社會認可或權力），才能觸及底下的本質——也就是斯多噶學派所謂的宇宙能量、基督徒的上帝，以及神祕主義者不願命名之物。生活的困難會引領我們前去，帶我們觸及事物的本質。

最徹底的失敗與最徹底的成功相鄰，這就是靈性的喜悅。

哲學家克雷蒙．羅賽在其著作中，提及一種自相矛盾的喜悅：「關於這種矛盾的快感，在歷史學家米什萊的童年記憶裡，能找到另一個明顯的例子。他寫道：『我記得在這極端的厄運裡，在眼下的匱乏和對未來的恐懼中，敵人僅寸步之遙（這是一八一四年！），他們每天都在嘲笑我。一天，一個星期四的早上，我蜷縮著身子，屋裡沒生火（到處是皚皚白雪），也不知道晚上會不會有麵包。對我來說一切似乎都結束了，但在內心深處突然有一種純然斯多噶式的感覺，未摻雜任何宗教信仰──我凍僵的手拍在橡木桌上（直到現在我仍留著這張桌子），感受到一種青春又有希望的堅定喜悅。』這段文字提醒我們，有時快樂能夠超越任何理由而存在。米什萊的例子說明了，也許在最不利、沒有任何理由感到快樂的情況下，才是理解快樂本質的最佳時機。」

除了失敗，還有什麼方法能帶人進入「最不利的情況」呢？這種「沒有任何理由感到快樂的情況」卻使我們領悟快樂的本質。

你可能認為這麼想是言過其實，但我們卻能從中發現直面現實的快樂。就像前段文字中的米什萊手拍橡木桌，**快樂就是要永遠關注現實，知道如何從中發現所愛**：愛人的身體，灑在臉頰上的陽光，鍛鍊出來的發達肌肉，即使身體受困牢籠……

神祕主義者看似放棄一切，卻保留了最本質的層面，即那份「真實」。對某些人來說，所謂「真實」是宇宙的能量，有人則認為是對上帝的愛，或者生命的力量。

失敗不一定代表悲傷

「快樂總是與現實相連；悲傷卻與幻象掙扎不休，這是它自己的不幸。」克雷蒙．羅賽持平解釋道。

即使不是神祕主義者，體會到戰鬥者的快樂，也有助於我們直面現實：

- 遲來的勝利（重回巔峰的快樂）。
- 生存在這世界上（生活的快樂）。
- 承受考驗的能力（逆境中的快樂）。

・一步一腳印的進步（「前行者」的快樂）。

快樂和失敗絕不是對立的。兩者在哲學上相關聯，都是對於「現實」的體驗。我們因此更能夠明白：失敗不一定代表悲傷，並且有助於讓我們重新站穩腳步，走上快樂之路。

人，這種會搞砸事情的動物

——失敗了，也能不斷改進、修正錯誤，然後「觸底反彈」

「人是唯一一種行動不確定、猶豫摸索、懷著成功的希望和失敗的恐懼進行計畫的動物。」

——亨利．柏格森（Henri Bergson，法國哲學家）

失敗愈多，發現愈多

一路思考至此，你可能有所質疑：我們是不是把失敗看得太重要了？難道就沒有產生不了任何幫助、一陷進去就起不來的失敗嗎？

要回答這個問題，得先回到人類學領域。

「你能想像有不會結網的蜘蛛嗎？」在某次演講中，法國哲學家米榭．塞荷（Michel Serres）刻意提問。蜘蛛不會失敗，因為牠服從本能，只遵循本性。同樣地，蜜蜂傳達訊息時也不會犯錯，訊息完美地發出，又被完美地接收，蜜蜂之間沒有誤解存在。「動物不會失敗。」米榭．塞荷總結道。

但人類並非如此。我們不可能永遠理解彼此，也很少有人能在森林裡為自己搭建一處藏身之地，但我們發明了文學和建築。

從物種層面觀察到的情況，在個體層面也相同：**失敗經驗愈多，學到的和發現的事物也就愈多。**人類的本能不夠強大，不足以主導行為，因而會透過行動不斷地嘗試，發展出推理能力和各種才能。人類會有新發明，也能夠不斷進步。人類幼兒的情況不像其他的幼年動物那麼單純，然而，正是困難使人類超越了其他動物。正因我們不像其他動物那般受自然本能驅使，因此會遇到更多障礙，但一旦跨越了這些挑戰，反而使我們走得比一切順遂時更遠。

不妨比較一下出生第二天的新生兒和小馬。新生兒不會說話，也不會走路。幼兒在成功邁出第一步之前，平均會摔倒兩千次，這是首次成功之前的兩千次失敗。

小馬則不必經歷如此漫長的過程，剛從媽媽的肚子出來，就會張開腳站立，有時幾分鐘之後就會走路了。動物行為學家告訴我們，這表示小馬是足月出生，在牠身上，大自然已經完成了任務，小馬只需順著本能行動。

與此相反，新生兒似乎出生得太早了，就像未完成的作品，因而不得不彌補與生俱來的不足。這種看法並不新奇，古希臘哲學家就相信人類被大自然「忽視」了，並將「文化」視為這種忽視的間接結果。這個假設貫穿整個哲學史，比如一七九六年，德國哲學家費希特（Johann Gottlieb Fichte）的這段總結：「簡言之，所有動物都是完成的和終結的，人則只是被暗示和勾畫出來的……大自然完成了自己的一切工作，只不過沒有再援助人，而對人聽之任之。」[14]

被遺棄的、未完成的新生兒必須從失敗中學習，才能進步。不僅如此，孩童還能從前人的失敗中有所學習，這是文明的特徵。

出生三個月後，新生兒便已踏上了一條不平凡的路，小馬卻不然。新生兒學會走路需要十到十五個月的時間，但最後卻能學會開車和駕駛飛機。

在這種「自我完善的能力」中，盧梭看到只屬於人類才有的能力。人擺脫了對本能的屈從，而能夠不斷改進，並修正錯誤。盧梭寫道，自我完善的能力是「在環境的助力之下，

不斷地發展所有其他的能力，它既存在於人這個種類之中，也存在於個人身上。動物則不同，幾個月大的動物與其之後一輩子的樣子毫無差別，牠的種類在千年之後依然是最初那年的樣子」[15]。

對於人類來說，**知道如何生活，就是知道如何失敗，並從自己和同類的失敗經驗中學習**。

當然，有時動物也會從失敗中學到教訓，野貓知道應該抓住老鼠的哪個部位，老鼠才咬不到牠，狐狸知道不能吃漿果，否則會生病。但是與牠們出於本能便知道的事情相比，這樣的學習微不足道，而且最重要的是，動物無法把經驗傳承給後代。

人會搞砸事情，但也會進步

二十世紀初，人類在出生時「未成熟」的假設首次獲得科學證實。一九二六年，荷蘭生物

14 出自《自然法權基礎》第二編〈法權概念適用性的演繹〉，謝地坤、程志民譯（商務印書館，二〇〇四年）。

15 出自《論人類不平等的起源和基礎》，黃小彥譯（譯林出版社，二〇一三年）。

學家路易斯・博克（Louis Bolk）將人類定性為早熟的物種，即他所定義的「幼態延續」[16]。一些動物學家延續其研究，將人類的胚胎發育與類人猿（黑猩猩、大猩猩、紅毛猩猩）進行比較後，估算人類的妊娠期應該持續二十一個月，而不是九個月。胚胎學家得出的結論是，人類胎兒的細胞發育到足月需要十八個月，因此人類的妊娠期少了九至十三個月。大自然的敗筆是神聖的。

這是好事，**正因為我們來到這個世界太早了，所以得從不斷的嘗試、考驗和失敗中學習**。更進一步地說，我們不僅是會搞砸事情，然後從自己和同類的失敗中學習的動物，也是失敗的動物，出生得太早了，並且不完美。但我們內在從大自然而來的「失敗」就像一股烈火，是推動進步的引擎。

例如，佛洛伊德認為人出生時的「未成熟」狀態（可能與人類直立行走有關），正是我們具有道德意識的起點。他在早期著作《科學心理學大綱》（*L'Esquisse pour une psychologie scientifique*）中寫道：「人類最初的無助成為所有道德動機的主要來源。」他並提問：面對如此脆弱的新生兒，人怎能不負起責任、承擔起保護新生兒的義務？

在對抗大自然失敗的過程中，我們成為有道德的人，同理，也因為維護新生兒的依賴性而

成為社會的一員。人際關係和家庭關係至關重要，源頭或許就是嬰孩因「早產」遭受的痛苦。大自然強加的失敗使我們變得更高尚。當一個人不讓弱者死去、停步攙扶長者，他便成為真正的人。我們因拒絕進化的自然法則而成為真正的人，在人類文明中，弱者也有生存權利。

我們每個人從小便重演著人類演化的歷史，隨著成長而逐漸喪失與生俱來的侵略性。年紀還小時，我們便內化了文明的種種禁令，不允許自己過度不合群，也不能表現出攻擊性或是性衝動的本能。

佛洛伊德稱此過程為「壓抑」。這種壓抑使我們變得文明，將天生攻擊性轉化為能量「力比多」（libido），並運用到其他方面，如投入工作、轉化為對學習的渴望或創造力。我們賦予「力比多」另一種形式，讓它在文化中上升至精神層面，套用佛洛伊德的話是「昇華」了。幸好人類的自然本能未稱心如意，我們才擁有創造力、變得文明，成為真正的人。

16「幼態延續」（néoténie）是指一個物種把幼年、甚至胎兒期的特徵，保留到幼年、甚至成年期的現象。以人類為例，人類沒有體毛、頭大，是將胎兒特徵保留下來；人類好奇、有學習興趣，是將幼兒時期特徵保留下來。

我們是失敗的動物，因而具備了昇華的能力。

因為有了昇華的能力，所以儘管會失敗，但我們能「觸底反彈」，分析遇上的狀況，接著繼續前進。每當質疑失敗到底有什麼幫助，感到受傷或自覺渺小無用時，我們要記得是什麼讓我們成為人。人類與野獸不同，因為我們知道如何從失敗——所有的失敗中，獲取力量。

這是人類身為「早產兒」的天性，是大自然強加而來的失敗。

也是人類的攻擊本能，但我們能將它昇華。

這也是我們進行計畫時遭遇的失敗，儘管我們並未察覺，卻從中學到了許多。

身為自由人

人是「會失敗」的動物，也是「失敗了」的動物，只因為我們是自由的。為了說明這點，笛卡兒提出「機械論」，卻未受接納。他提到要把動物看成機器，才能理解動物身體運作的原理，比如將馬的心臟當成水泵、把動脈看作傳動帶，有助於解釋馬是如何「運作」的，卻遭批評做出這種類比是否定了動物的痛苦。

笛卡兒當然明白動物會感到疼痛。實際上，他提出這個理論是想強調其他的重點：動物的行為和反應遵循「本能」的規則，完美到像是自動而機械化的。相較之下，笛卡兒想要展現人類行為的不同之處，人不像機器般運轉，如此更好。

若動物是能工作的機器，那麼我們身為人，寧願當一具運轉失靈的機器。人真的太自由、也太複雜了。我們會猶豫、產生懷疑，會頭暈和痛苦。沒有動物像人這樣既渴望一件事物，又想要完全相反的另一件。有時人們無法彼此理解，是因為我們使用語言不只為了傳遞消息或發送信號。成為人，就不能成為機器——笛卡兒基本上就是這個意思，這個想法很有趣。

人是失敗的動物，是無法運轉的機器。我們的失敗證明了這點。可以說，每一次的失敗——即使我們看似已被它壓垮，都在提醒我們，身為人是多麼自由。

所有欲望都是對永恆的渴望

在我們與欲望的關係中，還有一種失敗的經歷能提升一個人的心性，那就是身而為人，我們內心始終有種無法填補的缺憾感。

其他「成功」的動物只有需求，一旦得到滿足就什麼也不缺。人類不同，基本需求獲得滿足後，還會衍生其他渴望，感到「缺少」什麼。人的欲望永無止境，剛滿足一項，另一項就接踵而至。但那份原初渴望如此難以捉摸，每當快觸碰到時，它又出現在別處。在連續不斷的欲望背後，似乎有種無法企及的存在——正因我們的欲望指向「不可能」，它才有別於自然需求。

柏拉圖相信追根究柢，所有欲望都是對永恆的渴望。黑格爾亦同，但以「認可」取代永恆，認為所有欲望在本質上都是對自身價值絕對認可的渴望；從根本上說，這種認可是我們永遠無法獲得的。佛洛伊德主張，在所有欲望的最底層都有「回到子宮」的幻想；當然這也是不可能的。拉岡承接這三位的論點，將晦暗而無法企及的欲望命名為「小客體」（object a）。

這些想法是相通的，**欲望就是對於「不可能」的渴望**。我們「不滿足」，卻因而發現更出色、更有創意和想像力，也更富活力的自己。感謝這份缺憾，感謝我們始終無法填滿的欲望，讓我們一直帶著勇敢、不安、好奇與強烈的企圖心。也就是說，我們成為了真正的人。

一旦欲望被滿足了，人生的探索就會結束，創造力將枯竭。雖然我們感到心滿意足、心平氣和，但這是一種類似死亡的平靜——這不正是最糟糕的「失敗」嗎？

法語的「欲望」一詞，拉丁語詞源來自「desiderare」，意指對星星的缺席感到遺憾，因命運的好兆頭消失而惋惜。也就是說要「尋找失落的星星」。

這個對欲望的定義極佳，道出所有人的心聲，那是堅持不懈地追求，卻得不到滿足時的缺憾，也是讓我們感受到滿滿生命力的來源。我們在尋找自己生命中「失落的星星」，無論它被稱作「永恆」、「認可」還是「回到子宮」，重要的是，永遠遙不可及。

欲望的這份力量無疑是人與動物最大的區別。高等哺乳動物有意識、會感到痛苦、害怕死亡，有道德行為和利他表現。隨著動物行為學（即研究動物行為的科學）的進步，要定義什麼是「人類」的專屬特性變得越發困難，人與動物的界限愈來愈模糊，但至今仍沒有研究顯示其他動物會尋找牠們「失落的星星」。人與動物的差異也許就在於，動物不會窮盡一生追尋不可能的事情，但人類會，或許這也是身為人的可貴之處。

法國哲學家柏格森曾寫道：「人是唯一一種行動不確定、猶豫摸索、懷著成功的希望和失敗的恐懼，進行計畫的動物。」

確實，人類這種動物有時會猶豫不決，但這是因為人是自由的。**我們摸索，只是因為在尋找我們生命中的「星星」。**

我們有無限的「反彈能力」嗎？

——不自我設限，也不貪戀盲目的自由

兩種失敗的智慧

本書從一開始，關於「失敗的智慧」就有兩種相互衝突的概念。

一種是遵循「生成」的邏輯：透過失敗顯示出觸底反彈、重塑自我的機會，或是發現自己可以轉換方向做其他的事。

另一種遵循「存在」的邏輯：將失敗看成一種失誤行為，揭示潛意識欲望的力量，或者當成一個機會，反思自己心底最根本的渴望。

生成邏輯是存在主義式的智慧：**之所以失敗，是因為我們想知道「自己能成為什麼」。**失誤行為是精神分析式的智慧：**失敗是在自問「我是誰」、內心深處的欲望是什麼，瞭解失敗的真相並試著分析。**

一邊是沙特的「存在主義」，一邊是佛洛伊德和拉岡的「精神分析」。當我們進行思考時，這兩種觀點往往是對立的，只是常常沒那麼明顯。但兩者真是水火不容嗎？若僅從單一視角來看，確實如此。

對於沙特來說，「我是什麼」、我的「本質」或「深層欲望」是必須迴避的問題，光是這麼提問就意味著壓抑自我，限制了自己的自由。正因為我們「不是什麼」，才擁有無限的反彈能力，直到生命結束才是真的「遊戲結束」。沙特說，直到死亡那一刻，我們才開始存在，因為只有當成了屍體，人才能擁有本質——在此之前，可能性是無限的。

相反地，與沙特同時代的拉岡則認為，本質上，人是由潛意識的欲望所構成的，這種欲望在我們身上彷彿一種命定，與一個人的家族過往淵源有關，這成為我們無法脫離的生命之軸。因此，人不可能無限地創新。我們必須貼近自己內心的渴望，才能承受生活的一切。

從這個角度來看，作家米歇爾．圖尼埃屢次未通過哲學高等教學資格考，這是「失誤行為」，顯示了他潛意識的欲望——後來他獲得龔固爾文學獎。同樣地，作家皮耶．雷伊陷入憂鬱，表示他沒有忠於自己的渴望，而這份渴望來自過往，所以只有當他終於去面對自己內在的「潛意識」，才能夠觸底反彈。

面對這樣的矛盾，我們可以用不同的態度來看待。

選擇一：選邊站

這可說是某種信念，不是認同沙特「完全自由」的觀點，就是支持佛洛伊德的潛意識決定論，總之要在這場世紀論戰中選邊站。

我曾在其他著作中介紹過這場論戰，假想了一個封閉的房間，沙特和佛洛伊德在此見面。存在主義者沙特來到精神分析師佛洛伊德的會談室，而他一躺上沙發，我們便明白，

沙特只是為了向佛洛伊德證明「潛意識」並不存在。

直到今日，在行為主義取向治療與佛洛伊德、拉岡式精神分析之間的對立中，仍然可見到這種爭論。

行為主義取向的治療師認為，在沙發上一躺就是數個月、甚至數年，對於幫助人從失敗中復元毫無意義。他們主張進行短暫的治療即可，並提出若想要重新開始，可嘗試不同的方法：改變看事情的角度，學會先看到「還有半杯水」，而不是「只剩半杯水」，重新調整自己，邁向成功。

精神分析師則指稱，行為治療師否認了人的潛意識，如此只能改變症狀，反而會讓病人陷入重複的失敗歷程中。他們並警告：停止自我欺騙是需要時間的。

選擇二：年紀不同，方法不同

二十歲左右的人更喜歡沉浸於存在主義。等再過幾年，他們則會躺上沙發，希望多多瞭解自己的欲望。

年輕時，會將失敗當作一段經歷，是驅使自己前進的引擎，探索新道路的一種機遇。等年紀大了點，則是把失敗作為回顧過往的時機，捫心自問：我想成為什麼樣的人？對於自己無從選擇的種種，我又該如何承接？

我教的是十六至十八歲的高中生。當我提到他們自己從未察覺的潛意識欲望，並說這種欲望可能源自他們的童年、甚至前幾代的人，這些孩子紛紛驚訝地瞪大眼睛，然而即使再好奇，他們卻並非真的想聽下去。在這個年紀，最吸引他們的莫過於沙特勾勒出的那種無限可能、完全自由，「痛苦，但是對自己負責」的願景。

相反地，進行企業講座時，對著較年長的聽眾，當我一提到那些背棄的欲望和忠於自我的概念，聽眾便深受觸動。他們從經驗中學到，沙特那完全自由的思想無異於否定現實。

選擇三：試著超越對立

這也是最有吸引力的選擇。試著盡可能地發展自己的可能性，但是要忠於自我，運用遇上的失敗、人生轉折和你的反彈能力，接近自己生命的核心——也就是對你來說最重要的事情。這正是尼采「成為你所是」的意思。

・成為：**不要受失敗束縛，要把失敗變成機會。**
・你所是：**但不要背叛對你來說真正重要的、使你獨特的欲望。**

忠於自我的舞步

拉岡曾發表：「至少從分析的角度來看，一個人唯一有罪的就是對自己的欲望讓步。」這份必須忠實守護的「渴望」是什麼？我們總想安上一個框架，把它轉化為自己的本質或命運。但也可以視作一種內在影響，傳承自我們的過往、童年經歷、對反社會衝動的壓抑、手足排行、父母的教養方式等等。

成年的我們能夠從眾多欲望中，發現最重要的那份渴望，但生命不會因此受限，這只代表了我們是「某處的某人」，傳承了種種過往。並不像存在主義所認為的可以是「任何地方的任何一個人」。

只要我們願意，可以成為自己想成為的人，但「不對自己的欲望讓步」，不背叛我們所傳承的一切。

對於在自由意志和主權意識中成長的我們來說，要坦然地將這份傳承視為「欲望」，並接受以某種「基本上自己無從選擇的事物」來定義自身的渴望，其實並不容易。然而那是自然的道理，我們受童年時期影響，更傳承著延續數代的歷史，怎能否認是那些過往造就了現在的我們，引導著我們追尋內心最根本的渴望？不過當然，這並不表示就是我們的宿命。

尼采早已斷言，偉大的創始者全然接納自己先是個繼承者。其他人則將太多心力花在隱藏本性，因而沒有餘力繼續成長。

當我們明白自己是從何而來、理解了傳承的一切，依然可以自由地環繞自我的生命之軸起舞。我們**忠實守護著那些傳承而來、無法改變的事物，同時也追求自我創新**。

只有瞭解土壤，種下的樹才能長大。而失敗有助於我們瞭解「土壤」的性質，我們只需要開始行動，學會在這片土壤上起舞。

忠於自己的星星

與一些心理治療師聲稱的恰恰相反，人的反彈能力並非是無限的。但我們若能堅持對自己來說重要的事，那麼反彈能力依然很強大。

回想一下戴高樂總統、歌手芭芭拉、企業家理查·布蘭森和音樂人大衛·鮑伊的例子——他們忠於心之所向，無論成敗，始終未偏離人生最重要的追尋，最終成功了。

大衛·鮑伊改變了外貌、形象與音樂類型，透過音樂重塑自我，但仍然忠於自己的想法。他忠實的不是身分或本質，而是自己的人生計畫、心中那份缺憾感，他「忠於自己的星星」。這也是大眾認可並喜愛他的地方。無論哪個時期或哪張專輯，他的聲音都在表達這種忠實。

正因為明白了自己渴望著什麼，讓我們變得更自由。

認清我們人生最重要的追尋、生命中最不能妥協的事物，這麼做讓我們更不自由，卻也顯得更自由：「更不自由」是因為並非一切皆有可能；「更自由」則是因為我們始終圍繞自己的生命之軸起舞，忠於自己的渴望，因而變得更好。

哲學的方向有兩個，但失敗的智慧只有一種：在限制之中，敞開我們的自由。

【結語】

失敗是人生真正的寶藏

「失敗」一詞來自阿拉伯語「al sheikh mat」，即西洋棋中「將死」的由來，意指「國王已死」。

我寫這本書是為了說明情況恰恰相反：失敗之後，我們心中的那個國王並不會死，甚至可能在此時才意識到自己的力量。偉大的國王在戰鬥中成就了自己，他們的表現不僅令自己訝異，也向世人展現了真正的面貌。

失敗當然並不令人愉快，但它打開了一扇通往現實的窗，讓我們能夠發揮能力，接近內心最隱祕的追求、最深切的渴望。國王受傷了，國王萬歲！

關於「失敗」一詞的源起，也有一說是出自波斯語「sha mat」，意思是「國王感到驚訝」。

失敗確實會激發我們的好奇心，有時甚至會訝異自己的反彈能力竟然如此強大。**失敗使我們更貼近他人，也更貼近自己，並睜開雙眼看清現實**。

唯有經歷過失敗，我們才理解在簡單生活的快樂中，原來能有如此強烈的感受，也才懂得這美妙世上的種種奇蹟。

也有人說，「失敗」一詞來自古法語「eschec」。這個詞出現於十一世紀，意思是戰利品，指軍隊從敵軍處掠奪而來的物品，也可指植物學家採集到的標本。但無論如何，這是勝利的象徵。一般更傾向於相信這個詞源，因為它最能指引我們瞭解失敗的智慧。

失敗是我們人生的戰利品，有時甚至是真正的寶藏。**你必須冒險去體驗生活才能發現這份寶藏，並且透過分享，真正懂得「失敗」的價值**。

【附錄】

一首關於「失敗的智慧」的詩

〈如果〉（If）

作者◎吉卜林

如果你看到你生命的作品毀於一旦，
一言不發便開始重塑，
或者頃刻間失去所有，
卻沒有任何表示，也不唉聲歎氣；

如果你愛人而不為愛瘋狂，
如果你強大而不失溫柔，
在感到被人仇恨時，卻不記恨別人，
努力為自己辯護；

如果你能忍受聽到你的話語
被乞丐歪曲用來激怒傻瓜，
聽到他們愚蠢的嘴傳播你的謠言，
而你自己一個字也不說；

如果你能受人歡迎而得到尊重，
如果你能為國王獻策而只是一介平民，
如果你能愛人像愛自己的兄弟，
但沒人是你的全部；

如果你會冥想、觀察和認識，
而絕不變成一個懷疑者或破壞者，
做夢吧，但不要被夢主宰，
思考吧，但不要只當一個思考者；

如果你能堅強而不動怒，
如果你能勇敢而不魯莽，
如果你知道如何做好人，如何當聰明人，
而不衛道也不迂腐；

如果你在失敗後遇見成功，
以同樣的態度接待這兩個騙徒，
如果你能保有你的勇氣和理智，
哪怕其他人都已失去……

那麼國王、神祇、運氣和勝利
都將拜倒在你腳下，
比國王與榮耀更值得的是，
你將成為真正的男人，我的兒子！

國家圖書館預行編目資料

慶祝我們的失敗/夏爾.佩潘(Charles Pépin)著；楊恩毅譯. -- 初版. -- 臺北市：寶瓶文化事業股份有限公司, 2025.08
面；　公分. -- (Vision ; 281)
譯自：Les vertus de l'échec
ISBN 978-986-406-485-4 (平裝)
1.CST: 人生哲學 2.CST: 生活指導 3.CST: 自我實現
191.9　　114009368

Vision 281

慶祝我們的失敗

作者／夏爾・佩潘（Charles Pépin）　譯者／楊恩毅
主編／丁慧瑋

發行人／張寶琴
社長兼總編輯／朱亞君
副總編輯／張純玲
編輯／林婕伃・李祉萱
美術主編／林慧雯
校對／丁慧瑋・陳佩伶・劉素芬
營銷部主任／林歆婕　業務專員／林裕翔
財務／莊玉萍
出版者／寶瓶文化事業股份有限公司
地址／台北市110信義區基隆路一段180號8樓
電話／(02)27494988　傳真／(02)27495072
郵政劃撥／19446403　寶瓶文化事業股份有限公司
印刷廠／世和印製企業有限公司
總經銷／大和書報圖書股份有限公司　電話／(02)89902588
地址／新北市新莊區五工五路2號　傳真／(02)22997900
E-mail／aquarius@udngroup.com

著作完成日期／二〇一六年
初版一刷日期／二〇二五年八月四日

ISBN／978-986-406-485-4
定價／三八〇元

寶瓶文化·愛書人卡

感謝您熱心的為我們填寫，對您的意見，我們會認真的加以參考，
希望寶瓶文化推出的每一本書，都能得到您的肯定與永遠的支持。

系列：Vision 281　書名：慶祝我們的失敗

1. 姓名：＿＿＿＿＿＿＿＿＿＿＿性別：□男　□女

2. 生日：＿＿年＿＿月＿＿日

3. 教育程度：□大學以上　□大學　□專科　□高中、高職　□高中職以下

4. 職業：＿＿＿＿＿＿＿＿＿＿＿＿＿＿＿＿＿＿＿＿

5. 聯絡地址：＿＿＿＿＿＿＿＿＿＿＿＿＿＿＿＿＿＿

聯絡電話：＿＿＿＿＿＿＿＿＿＿＿＿＿＿＿＿＿＿

6. E-mail信箱：＿＿＿＿＿＿＿＿＿＿＿＿＿＿＿＿＿

□同意　□不同意　免費獲得寶瓶文化叢書訊息

7. 購買日期：＿＿年＿＿月＿＿日

8. 您得知本書的管道：□報紙／雜誌　□電視／電台　□親友介紹　□逛書店
□網路　□傳單／海報　□廣告　□瓶中書電子報　□其他

9. 您在哪裡買到本書：□書店，店名＿＿＿＿＿＿＿＿＿＿
□劃撥　□現場活動　□贈書
□網路購書，網站名稱：＿＿＿＿＿＿＿＿＿＿　□其他

10. 對本書的建議：＿＿＿＿＿＿＿＿＿＿＿＿＿＿＿＿

＿＿＿＿＿＿＿＿＿＿＿＿＿＿＿＿＿＿＿＿＿＿＿＿

＿＿＿＿＿＿＿＿＿＿＿＿＿＿＿＿＿＿＿＿＿＿＿＿

＿＿＿＿＿＿＿＿＿＿＿＿＿＿＿＿＿＿＿＿＿＿＿＿

11.希望我們未來出版哪一類的書籍：＿＿＿＿＿＿＿＿＿＿

＿＿＿＿＿＿＿＿＿＿＿＿＿＿＿＿＿＿＿＿＿＿＿＿

亦可用線上表單。

（請沿此虛線剪下）

寶瓶　讓文字與書寫的聲音大鳴大放

寶瓶文化事業股份有限公司

廣 告 回 函
北區郵政管理局登記
證北台字15345號
免貼郵票

寶瓶文化事業股份有限公司 收

110台北市信義區基隆路一段180號8樓

8F,180 KEELUNG RD.,SEC.1,

TAIPEI.(110)TAIWAN R.O.C.

（請沿虛線對折後寄回，或傳真至02-27495072。謝謝）